Crêpes

Crêpes

INHALTSVERZEICHNIS

4

Vorwort

Crêpes, Pfannkuchen, Palatschinken – in welcher Gestalt
auch immer diese runden
Kuchen uns begegnen – sie be-
stechen durch unkomplizierte
Zubereitung und große Vielfalt
an Geschmack und Zuberei-
tungsmöglichkeiten.

Rund um das Jahr und rund um
die Uhr wickeln sie ihre zarte
Hülle um frisches Gemüse,
Beeren, Eis und Cremes.
Die heimlichen Senkrechtstarter
sind eine wahre Wonne für krea-
tive Köche.

Mit den besten Rezepten aus
verschiedenen Ländern wollen
wir Sie verlocken, die Vielfalt
dieser runden Köstlichkeiten zu
erkunden. Bestimmt finden Sie
bald Ihre Lieblingscrêpe.

5

CRÊPES
(Grundrezept)

FÜR 10–12 MITTLERE CRÊPES:

120 g Weizenmehl

3 Eier, 1 Prise Salz

250 ml ($\frac{1}{4}$ l) Milch

30 g zerlassene Butter

50 g Butter für die Pfanne

1. Das Mehl in eine Schüssel sieben, in die Mitte eine Vertiefung eindrücken.
2. Die Eier hineinschlagen, Salz (und gegebenenfalls Zucker) hinzugeben, von der Mitte aus mit dem Mehl zu einem festen Kloß verrühren. Die Milch unter Rühren langsam hinzugeben, bis ein dickflüssiger Teig entsteht. Dabei darauf achten, daß sich keine Klümpchen bilden.
3. Die zerlassene Butter (und je nach Rezept Würzzutaten) hinzufügen und den Teig 15–30 Minuten stehenlassen.
4. Butter in einer Pfanne erhitzen. Etwas Teig mit einer drehenden Bewegung gleichmäßig auf dem Boden der Pfanne verteilen.
5. Sobald die Ränder goldgelb sind, die Crêpes mit einem Pfannenwender oder Holzspatel lösen, wenden und auf der anderen Seite fertigbacken.
6. Die restlichen Crêpes auf dieselbe Weise backen. Den Teig vor jedem Backen umrühren.

Tips: Für <u>süße</u> Crêpes: Den Teig mit 1 Eßlöffel Zucker und nach Geschmack und Rezept mit Cognac, Orangenlikör, Obstgeist, braunem Rum, Rosenwasser oder gehackten Nüssen, Mandeln, Vanille, gemahlenem Zimt oder Anis verfeinern.

Für <u>pikante</u> Crêpes können frische Kräuter oder Gewürze unter den Teig gerührt werden.

Die Crêpes werden <u>knuspriger</u>, wenn man einen Teil der Milch durch Wasser, Bier oder Sprudel ersetzt. Süße Sahne gibt ihnen einen feinen Geschmack.

APFEL-CRÊPES MIT CALVADOS
(10–12 Stück)

1 Port. Crêpeteig / süß (S. 6)
1 EL Calvados

PRO CRÊPE:

1 kleiner, säuerlicher Apfel
10 g Butter
1 TL Honig

1. Den Teig nach dem Grundrezept zubereiten und mit Calvados verfeinern.
2. Die Äpfel schälen, vierteln, entkernen, in Scheiben schneiden.
3. Die Butter in einer Pfanne zerlassen, die Apfelscheiben darin weichdünsten.
4. Die Crêpes auf beiden Seiten goldgelb backen (Seite 6).
5. Die Crêpes mit Honig bestreichen und mit Apfelscheiben belegen, zweimal zusammenfalten.

Tip: Nach Geschmack mit Schlagsahne verzieren oder mit Calvados flambieren.

ZUCKERSÜSSE CRÊPES
(10–12 Stück)

Einfach

1 Port. Crêpeteig / süß (S. 6)

7

PRO CRÊPE:

1 TL Butter
1 EL Zucker

1. Die Crêpes nach dem Grundrezept (Seite 6) jeweils auf einer Seite backen, wenden, mit Butter bestreichen und mit Zucker bestreuen.
2. Den Zucker leicht anschmelzen lassen. Die Crêpes zusammenfalten und servieren.

Tips: Zuckersüße Crêpes eignen sich gut zum Flambieren.
Zur Abwechslung Zucker mit Zimt vermischen.
Die Crêpes nach kanadischer Art mit Ahornsirup bestreichen.

CHANTILLY-CRÊPES

(6 Stück – Foto)

½ Port. Crêpeteig / süß (S. 6)

2 EL Himbeergeist

FÜR DIE FÜLLUNG:

300 g Himbeeren
  (ersatzweise tiefgefroren)

250 g Quark

125 ml (⅛ l) Schlagsahne

50 g Zucker

1 Päckchen Vanillin-Zucker

½ TL Zitronensaft

Zitronenmelisse zum Garnieren

1. Den Teig nach dem Grundrezept zubereiten und mit Himbeergeist verfeinern.
2. Für die Füllung Himbeeren verlesen und entstielen.
3. Quark mit Schlagsahne, Zucker, Vanillin-Zucker und Zitronensaft verrühren.
4. Zwei Drittel der Früchte vorsichtig mit dem Quark verrühren.
5. Die Sahne steif schlagen, unter den Quark heben.

6. Die Crêpes auf einer Seite backen (Seite 6), wenden, mit Himbeerquark füllen, zweimal zusammenfalten und mit den restlichen Himbeeren und der Zitronenmelisse garniert servieren.

ZITRONEN-CRÊPES

(10–12 Stück)

Schnell

1 Port. Crêpeteig / süß (S. 6)

PRO CRÊPE:

1 TL Zucker

1 TL Zitronensaft

1. Die Crêpes nach dem Grundrezept (Seite 6) jeweils auf einer Seite backen, wenden, mit Zucker bestreuen und auf der anderen Seite fertigbacken.
2. Zusammenfalten, mit Zitronensaft beträufeln und servieren.

Tip: Mit Puderzucker bestreuen, 2–3 Minuten im Backofen erwärmen und mit Weinbrand flambieren.

GRATINIERTE CRÊPES MIT ERDBEEREN

(4–6 Stück – Foto)

½ Port. Crêpeteig / süß (S. 6)

FÜR DEN BELAG:

375 g Erdbeeren
125 ml (⅛ l) Schlagsahne
2 Eigelb
1 EL Zucker
1 Päckchen Vanillin-Zucker
abgeriebene Schale von ½ Zitrone (unbehandelt)
250 ml Himbeereis

1. Die Crêpes nach dem Grundrezept (Seite 6) auf beiden Seiten backen.

2. Für den Belag Erdbeeren waschen, abtropfen lassen, entstielen, auf die Crêpes verteilen.

3. Die Crêpes auf feuerfeste Teller legen.

4. Die Sahne steif schlagen, Eigelb, Zucker, Vanillin-Zucker und Zitronenschale unterrühren, über die Pfannkuchen geben.

5. Die Crêpes auf dem Rost unter den vorgeheizten Grill schieben und goldgelb gratinieren.

6. Aus dem Eis mit einem Eisportionierer Kugeln abstechen und auf die Crêpes verteilen.

SCHOKO-CRÊPES

(10–12 Stück)

 **Einfach**

1 Port. Crêpeteig / süß (S. 6)

PRO CRÊPE:

1 TL Butter
1–2 EL geriebene Bitterschokolade
1 EL steifgeschlagene Schlagsahne
1 EL Nußkrokant

1. Die Crêpes nach dem Grundrezept (Seite 6) jeweils auf einer Seite backen, wenden, mit Butter bestreichen und mit Schokolade bestreuen.

2. Die Crêpes zweimal zusammenfalten, mit Schlagsahne und Nußkrokant garnieren.

CRÊPES MIT HEISSEN KIRSCHEN

(8 Stück)

²/₃ Port. Crêpeteig / süß (S. 6)
2 EL Kirschwasser

FÜR DIE FÜLLUNG:

250 ml (¹/₄ l) Milch

1 EL Vanille-Puddingpulver

50 g Zucker

1 aufgeschnittene Vanilleschote

2 Eigelb

abgeriebene Schale von
¹/₂ Zitrone und
¹/₂ Orange (unbehandelt)

125 ml (¹/₈ l) Schlagsahne

FÜR DIE HEISSEN KIRSCHEN:

150 ml Rotwein

100 g Akazienhonig

¹/₂ aufgeschnittene Vanilleschote

¹/₂ Zimtstange

1 Msp. abgeriebene Zitronenschale

1 EL Vanille-Puddingpulver

Saft von 1 Orange und
1 Zitrone

400 g frische, entsteinte
Schattenmorellen
(ersatzweise aus dem Glas)

8 Kugeln Vanilleeis

Puderzucker

1. Den Teig nach dem Grundrezept zubereiten und mit Kirschwasser verfeinern. Die Crêpes auf beiden Seiten goldgelb backen (Seite 6), warmstellen.
2. Für die Füllung 2 Eßlöffel der Milch abnehmen und das Puddingpulver damit anrühren.
3. Die restliche Milch mit Zucker und Vanilleschote aufkochen, anschließend die Vanilleschote herausnehmen.
4. Das Eigelb unter das angerührte Puddingpulver rühren, die kochende Milch damit binden, nochmals aufkochen lassen.
5. Zitronen- und Orangenschale unterrühren.
6. Die Sahne steif schlagen und unterheben. Die Creme in eine Schüssel geben, mit Folie abdecken.

Fortsetzung auf Seite 14

7. Für die Kirschen Rotwein mit Akazienhonig, Vanilleschote, Zimtstange sowie Zitronenschale aufkochen, anschließend die Vanilleschote herausnehmen.
8. Das Puddingpulver mit dem Zitronen- und Orangensaft anrühren und die Sauce damit binden.
9. Die Sauce durch ein Sieb passieren, heiß über die Kirschen geben.
10. Die noch warmen Crêpes mit der Füllung bestreichen und zu einem Dreieck zusammenfalten.
11. Auf jede Crêpe eine Kugel Vanilleeis setzen, Kirschen dazu anrichten, mit Puderzucker bestreut servieren.

Tip: Wer Ingwer mag, kocht die Kirschen mit 20 g feingeschnittenem, frischem Ingwer.
Wer es eilig hat, verzichtet auf die Füllung und belegt die Crêpes mit der Eiskugel, schlägt darüber die Crêperänder zusammen und gibt Kirschkompott dazu.

CRÊPES MIT ZWEI KONFITÜREN
(8 Stück)

⅔ Port. Crêpeteig / süß (S. 6)

FÜR DIE FÜLLUNG:

| 125 g Erdbeerkonfitüre |
| 2 EL Ananaskonfitüre |
| 2 EL Orangenlikör |
| 1 EL Zitronensaft |

1. Die Erdbeerkonfitüre mit der Ananaskonfitüre, dem Likör und dem Zitronensaft verrühren.
2. Die Crêpes nach dem Grundrezept (Seite 6) auf beiden Seiten goldgelb backen.
3. Mit der Konfitüre-Mischung bestreichen (etwas zurücklassen), zusammenfalten.
4. Die restliche Konfitüre-Mischung auf die Crêpes streichen, servieren.

Tip: Besonders beliebt zu Crêpes sind Aprikosen-, Brombeerkonfitüre und Orangenmarmelade. Auch Früchte können beigemischt werden.

CRÊPEBEUTEL MIT INGWERRHABARBER

(10–12 Stück)

Gut vor-
zubereiten

1 Port. Crêpeteig / süß (S. 6)

FÜR DIE FÜLLUNG:

500 g Rhabarber

75 g Zucker

2 EL Wasser

1 Orange (unbehandelt)

1 EL gehackter Ingwer
(in Sirup)

FÜR DIE ORANGENSAUCE:

125 g Zucker

250 ml (¼ l) Orangensaft

1. Den Teig nach dem Grundrezept zubereiten.
2. Den Rhabarber waschen, evtl. abziehen, in kleine Stücke schneiden. Mit Zucker und Wasser im offenen Topf kurz dünsten, so daß er noch Biß hat. Gut abtropfen lassen.

3. Die Orange waschen. Aus der Orangenschale dünne Spalten schneiden. Daraus acht lange Streifen schneiden, kurz in Salzwasser blanchieren, beiseite legen. Von der restlichen Orangenschale etwa 1 Teelöffel feinhacken.
4. Die Ingwerwürfel mit der feingehackten Orangenschale unter den Rhabarber mischen.
5. Für die Orangensauce den Zucker in einem Topf so lange erhitzen, bis er braun wird. Den Orangensaft unter ständigem Rühren sehr vorsichtig langsam hinzugießen, die Sauce aufkochen lassen, damit sich der Zucker löst, etwas abkühlen lassen, warmstellen.
6. Die Crêpes jeweils auf beiden Seiten goldgelb backen (Seite 6).
7. Den Rhabarber in der Mitte jeder Crêpe verteilen. Die Crêpes mit den Orangenschalenstreifen zu Beuteln zusammenbinden. Mit Orangensauce umrandet servieren.

Tip: Die Füllung kann variiert werden, indem die Hälfte des Rhabarbers durch Erdbeeren ersetzt wird. Zur Abwechslung können die Crêpebeutel auch mit Vanillesauce serviert werden.

15

Sesam-Crêpes mit Aprikosensauce und Eis

(6 Stück)

Gut vor-
zubereiten

½ Port. Crêpeteig / süß (S. 6)
5 EL Sesamsamen

FÜR DIE APRIKOSENSAUCE:
1 Dose (850 ml) Aprikosen
3 EL Zitronensaft
1 Babyananas

4 Kugeln Ananas- oder
  Vanilleeis
1 EL Puderzucker
Minzeblättchen

1. Den Teig nach dem Grundrezept zubereiten.
2. Sesamsamen in einer Pfanne ohne Fett goldbraun rösten. 3 Eßlöffel Sesamsamen unter den Crêpeteig rühren.
3. Die Crêpes von beiden Seiten goldgelb backen, warmstellen.

4. Für die Füllung die Aprikosen abtropfen lassen (Saft auffangen), 6 Aprikosenhälften beiseite legen, den Rest der Aprikosen pürieren.
5. Das Püree mit vier Eßlöffeln Aprikosensaft und dem Zitronensaft verrühren.
6. Die übrigen Aprikosen in Spalten schneiden.
7. Die Babyananas von der Schale und dem hölzernen Strunk befreien, der Länge nach in dünne Scheiben schneiden.
8. Die Crêpes zweimal zusammenfalten, zusammen mit Aprikosenpüree, -spalten und Ananasscheiben auf sechs Teller geben.
9. Je eine Eiskugel darauf anrichten.
10. Mit Puderzucker und restlichen Sesamsamen bestreuen, mit Minzeblättchen garniert servieren.

Tip: Wenn einmal Crêpes übrigbleiben, läßt sich daraus am nächsten Tag ein leckerer Nachtisch zubereiten, z. B. ein Crêpeauflauf mit Sauerkirschen (Seite 105).

CRÊPEBEUTEL MIT BEEREN

(6 Stück)

1 Port. Crêpeteig / süß (S. 6)

FÜR DIE FÜLLUNG:

30 g weiche Butter

50 g Zucker, 3 Eier

250 g Magerquark

2 EL Puddingpulver Vanille-
Geschmack

abgeriebene Schale von
1 Zitrone (unbehandelt)

2 EL Zitronensaft

Salz

Semmelbrösel

FÜR DIE SAUCE:

400 g Himbeeren

200 g Heidelbeeren

20 g Puderzucker

Minzeblättchen

1. Die Crêpes nach dem Grundrezept (Seite 6) backen.
2. Butter und Zucker schaumig rühren.
3. Eier trennen, das Eigelb unter die Butter-Zucker-Creme rühren.
4. Quark, Puddingpulver, Zitronenschale und -saft unterrühren.
5. Eiweiß mit 1 Prise Salz steif schlagen, unterheben.
6. Sechs Kaffeetassen einfetten, mit Semmelbröseln ausstreuen, die Crêpes in die Tassen legen, dabei die Ränder überlappen lassen.
7. Quarkmasse bis zum Tassenrand in die Crêpes füllen, die Teigränder oben zusammendrücken, in den Backofen schieben
Ober-/Unterhitze: etwa 170 °C (vorgeheizt)
Heißluft: etwa 150 °C (nicht vorgeheizt)
Gas: etwa Stufe 3 (vorgeheizt)
Backzeit: etwa 30 Minuten.
8. Inzwischen die Beeren verlesen, waschen, zwei Drittel der Himbeeren pürieren, durch ein Sieb streichen.
9. Das Püree mit einem Eßlöffel Puderzucker verrühren. Das Püree auf vier Teller verteilen.
10. Die Crêpebeutel auf das Püree setzen.
11. Mit Heidelbeeren, restlichen Himbeeren und Minzeblättchen garnieren, mit Puderzucker bestäubt servieren.

COGNAC-CRÊPES
(8 Stück)

²/₃ Port. Crêpeteig / süß (S. 6)
²/₃ der Milchmenge (50 ml)
durch Schlagsahne ersetzen
1 EL Cognac

FÜR DIE FÜLLUNG:
200 g weiche Butter
abgeriebene Schale von
1 Orange (unbehandelt)
1 TL Orangenlikör
60 g Zucker
125 ml (¹/₈ l) Cognac

1. Den Teig nach dem Grund-rezept zubereiten, mit Cognac ver-feinern.
2. Die weiche Butter mit Orangen-schale und Orangenlikör ver-mengen.
3. Die Crêpes auf beiden Seiten goldgelb backen (Seite 6).
4. Mit der Orangenbutter bestrei-chen, zweimal zusammenfalten, mit reichlich Zucker bestreuen und im Ofen wärmen.
5. Mit erwärmtem Cognac über-gießen und flambieren.

FLAMBIERTE BANANEN-CRÊPE-ROLLEN
(10–12 Stück)

1 Port. Crêpeteig / süß (S. 6)
2 EL brauner Rum

PRO CRÊPE:
1 reife Banane
20 g Butter
1 EL Zucker
Puderzucker
1 EL Rum zum Flambieren

1. Den Teig nach dem Grund-rezept zubereiten und mit Rum verfeinern.
2. Die Butter zerlassen, die Bana-ne auf beiden Seiten darin braten.
3. Die Crêpes jeweils auf beiden Seiten goldgelb backen (Seite 6).
4. Mit der Butter bestreichen und mit Zucker bestreuen.
5. Jeweils eine Banane in eine Crêpe einrollen und die Crêpe mit Puderzucker bestreuen.
6. Den Rum erhitzen, anzünden und über die Crêpes gießen.

CRÊPES SOUFFLÉES MIT ZITRUS-FRÜCHTEN

(10–12 Stück)

Preiswert

1 Port. Crêpeteig / süß (S. 6)

FÜR DIE FÜLLUNG:

30 g Speisestärke

75 g Zucker

1 Päckchen Vanillin-Zucker

250 ml ($\frac{1}{4}$ l) Milch

2 Eier

Saft und abgeriebene Schale
von 1 Limone (ersatzweise
Zitrone) und 1 Orange
(jeweils unbehandelt)

1 Dose (300 g) Mandarinen

20 g Puderzucker

1. Den Teig nach dem Grundrezept zubereiten.

2. Für die Füllung Speisestärke, Zucker und Vanillin-Zucker mischen, mit der Milch verrühren, aufkochen lassen.

3. Eier trennen. Eigelb, fein abgeriebene Limonen- und Orangenschale sowie Limonen- und Orangensaft unterrühren.

4. Eiweiß steif schlagen, unterheben.

5. Die Crêpes von beiden Seiten goldgelb backen (Seite 6).

6. Mit der Füllung bestreichen, zusammenrollen, in eine gefettete Auflaufform legen, auf dem Rost in den Backofen schieben.

Ober-/Unterhitze: etwa 220 °C (vorgeheizt)

Heißluft: etwa 190 °C (nicht vorgeheizt)

Gas: etwa Stufe 4 (vorgeheizt)

Backzeit: etwa 15 Minuten.

7. Die Crêpes soufflées auf Desserttellern anrichten.

8. Die Mandarinen mit der Flüssigkeit erwärmen, über die Crêpes verteilen.

9. Mit Puderzucker bestäubt sofort servieren.

Tip: Anstatt mit Mandarinensauce können die Crêpes soufflées auch mit frischen, zur Jahreszeit passenden Fruchtsaucen serviert werden.

21

CRÊPES MIT PFLAUMEN-APFEL-KARAMEL-SAUCE

(8 Stück – Foto)

²/₃ Port. Crêpeteig / süß (S. 6)

FÜR DIE FÜLLUNG:

1 Glas (680 g) Pflaumen-hälften
50 g Zucker
1 Apfel
2 EL Slibowitz
2 EL Zitronensaft
etwas Puderzucker

1. Die Crêpes nach dem Grundrezept (Seite 6) backen, warmstellen.
2. Pflaumen auf einem Sieb abtropfen lassen, Saft auffangen.
3. Den Zucker in einem Topf ohne Fett schmelzen lassen, von der Kochplatte nehmen, den entstandenen Karamel mit Pflaumensaft ablöschen. Unter Rühren kochen lassen, bis sich der Karamel gelöst hat.

4. Apfel waschen, vierteln, entkernen, in dünne Spalten schneiden.
5. Die Pflaumen und die Apfelspalten in die Karamelsauce geben.
6. Slibowitz und Zitronensaft dazugießen.
7. Die Crêpes zusammenfalten, mit der Sauce anrichten, mit Puderzucker bestäubt servieren.

CRÈME-CRÊPES

(10–12 Stück)

 Preiswert

1 Port. Crêpeteig / süß (S. 6)

PRO CRÊPE:

2 EL Crème fraîche
1 EL brauner Zucker

1. Die Crêpes nach dem Grundrezept (Seite 6) auf beiden Seiten goldgelb backen.
2. Mit Crème fraîche bestreichen und mit Zucker bestreuen.
3. Zweimal zusammenfalten und sofort servieren.

CRÊPEKUCHEN MIT KANDIERTEN FRÜCHTEN

(10–12 Stück)

 **Gut vor-
zubereiten**

1 Port. Crêpeteig / süß (S. 6)

FÜR DIE FÜLLUNG:

1 Päckchen Vanille-Pudding-
  Pulver

75 g Zucker

1 Päckchen Vanillin-Zucker

375 ml (³⁄₈ l) Milch

4 Eigelb

4 Eiweiß

4 EL Kirschwasser

100 g gehackte, kandierte
  Früchte (Kirschen, Orangeat,
  Zitronat)

20 g Puderzucker

1. Die Crêpes nach dem Grundrezept (Seite 6) backen, abkühlen
lassen.
2. Für die Füllung Vanille-
Pudding-Pulver, Zucker und

Vanillin-Zucker mischen, mit der
Milch verrühren, zum Kochen
bringen, Eigelb unterrühren.
3. Eiweiß steif schlagen, mit dem
Kirschwasser unterheben.
4. Die kandierten Früchte kleinschneiden, evtl. einige zur Deko-
ration beiseite legen.
5. Jede Crêpe mit der Creme bestreichen. Die kleingeschnittenen,
kandierten Früchte darauf streuen,
Crêpes aufeinandersetzen, etwas
andrücken.
6. Den Crêpekuchen nach Belieben
mit den kandierten Früchten garnieren, kühl stellen.
7. Vor dem Servieren mit Puderzucker bestreuen.

Tip: Den Kuchen mit einem
elektrischen Messer in Stücke
schneiden.
Wer den Crêpekuchen höher
backen möchte, verdoppelt einfach die angegebenen Mengen.
Anstatt der kandierten Früchte
können
1) frische Früchte der Saison mit
festem Fruchtfleisch, z. B. Ananas,
Äpfel, Pfirsiche, Bananen oder
2) gehackte Mandeln, Haselnuß-
und Pistazienkerne genommen
werden.

CRÊPES BIRNE HELENE

(4–6 Stück)

½ Port. Crêpeteig / süß (S. 6)

1 EL Birnengeist

FÜR DIE SAUCE:

1 Tafel (100 g) Nuß-
  schokolade

20 g Butter

20 ml Schlagsahne

PRO CRÊPE:

1 halbe reife Birne

1 EL Butter, 1 TL Zucker

1. Den Teig nach dem Grundrezept zubereiten, mit Birnengeist
verfeinern.
2. Für die Sauce die Schokolade
mit der Butter bei milder Hitze
schmelzen lassen. Von der Kochplatte nehmen, mit der Sahne verrühren und warmstellen.
3. Die Birnen schälen, vierteln,
entkernen, in Scheiben schneiden
und mit Butter und Zucker in
einer Pfanne anbraten.

4. Die Crêpes auf beiden Seiten
goldgelb backen (Seite 6).
5. Mit Birnenscheiben belegen
und zusammenfalten.
6. Mit etwas Sauce umrandet auf
vorgewärmten Tellern servieren.
Die restliche Sauce getrennt dazu
reichen.

CRÊPES MIT MOKKACREME

(6 Stück)

½ Port. Crêpeteig / süß (S. 6)

1 EL Cognac

FÜR DIE FÜLLUNG:

250 g weiche Butter

etwas Wasser

6 EL Instant-Kaffeepulver

1 EL Kakaopulver

1 Msp. gemahlenen Kardamom

1 Msp. gemahlenen Zimt

70 g Zucker

4 Mandelmakronen
  (zerbröselt)

Schokoladenraspel

Puderzucker

1. Den Teig nach dem Grundrezept zubereiten, mit Cognac verfeinern und auf beiden Seiten goldgelb backen (Seite 6).

2. Die weiche Butter mit dem in Wasser aufgelösten Kaffeepulver, Kakaopulver, Kardamom, Zimt und Zucker vermengen.

3. Die Crêpes mit der Creme bestreichen, fächerförmig zusammenfalten, mit Makronenbröseln, Schokoladenraspeln und Puderzucker bestreuen.

MANGO-CRÊPES
(8 Stück)

²/₃ Port. Crêpeteig / süß (S. 6)

1 EL Mandellikör

FÜR DIE FÜLLUNG:

2 Mangofrüchte, 2 EL Butter

3 EL Zucker

1 EL Zitronensaft

1 EL Cognac

1 Msp. gemahlener Ingwer

2 EL Kokosraspel

nach Belieben 250 ml (¼ l)
Orangensauce

1. Den Teig nach dem Grundrezept zubereiten, mit Mandellikör verfeinern.

2. Die Mangos schälen, entkernen und kleinwürfeln.

3. Die Butter mit dem Zucker in einer kleinen Pfanne bräunen lassen, die Früchte darin unter häufigem Rühren kurz dünsten lassen. Mit Zitronensaft, Cognac und Ingwer abschmecken.

4. Die Crêpes auf beiden Seiten goldgelb backen (Seite 6), warmstellen.

5. Mit den abgetropften Früchten belegen, mit der Hälfte der Kokosrapsel bestreuen und zusammenfalten. Mit den restlichen Kokosraspeln verzieren. Dazu nach Geschmack Orangensauce reichen.

Tip: Für die Orangensauce 125 g Zucker in einem Topf so lange erhitzen, bis er braun wird. Dann 250 ml (¼ l) Orangensaft unter ständigem Rühren langsam hinzugießen, die Sauce aufkochen lassen, damit sich der Zucker löst, etwas abkühlen lassen.

27

KOKOS-CRÊPES MIT BANANEN

(8 Stück)

 **Schnell**

1 Port. Crêpeteig / süß (S. 6)
die Hälfte der Milchmenge
durch Schlagsahne ersetzen

FÜR DIE FÜLLUNG:

4 Bananen

2–3 Eßlöffel Zitronensaft

3 EL Bananensirup

30 g Zucker

5 EL Kokosraspel

75 g weiche Butter

40 g zerlassene Butter

Zucker

1. Den Teig nach dem Grundrezept zubereiten. Die Crêpes in einer großen Pfanne auf beiden Seiten goldgelb backen (Seite 6).
2. Für die Füllung die Bananen schälen und in kleine Würfel schneiden. Die Bananenwürfel mit Zitronensaft, Bananensirup und Zucker vermischen.

3. Die Kokosraspel in einer Pfanne ohne Fett rösten, abkühlen lassen.
4. Die Butter mit den Bananen und den Kokosraspeln (etwa 1 Eßlöffel zurückbehalten) verrühren.
5. Die Füllung auf den Crêpes verteilen. Die Crêpes zu Tüten zusammenfalten, in eine feuerfeste Form setzen.
6. Die Crêpes mit der zerlassenen Butter bepinseln, etwas Zucker und restliche Kokosraspel darüber streuen.
7. Die Form auf dem Rost in den Backofen schieben, unter dem Grill überbacken, bis die Füllung zerläuft
Ober-/Unterhitze: etwa 200 °C (vorgeheizt)
Heißluft: etwa 170 °C (nicht vorgeheizt)
Gas: etwa Stufe 4 (vorgeheizt)
Backzeit: etwa 5 Minuten.

Tip: Anstatt Bananensirup kann auch Ahornsirup verwendet werden. Die Füllung mit Rosinen, Orangenlikör oder Rum verfeinern.

CRÊPES SUZETTE
(12 Stück)

FÜR DEN TEIG:

80 g Weizenmehl

40 g Speisestärke

50 g Zucker, Salz

125 ml ($\frac{1}{8}$ l) Milch

125 ml ($\frac{1}{8}$ l) Schlagsahne

3 Eier

50 g zerlassene Butter

abgeriebene Schale von

1 Orange (unbehandelt)

Butter für die Pfanne

FÜR DIE FÜLLUNG:

100 g weiche Butter

75 g Puderzucker

2 EL Curaçao

Saft von 1 Orange

abgeriebene Schale von

1 Orange (unbehandelt)

1 Orange (unbehandelt)

Puderzucker zum Bestreuen

1. Mehl, Speisestärke, Zucker und Salz in einer Schüssel mischen.

2. Milch und Sahne mischen, langsam hinzufügen. Mit dem Mehl verrühren. Darauf achten, daß sich keine Klümpchen bilden.
3. Eier trennen. Das Eigelb und die zerlassene Butter unterrühren.
4. Das Eiweiß steif schlagen, mit der Orangenschale unterheben.
5. Die Butter in einer Pfanne erhitzen, die Crêpes auf beiden Seiten goldgelb backen.
6. Für die Füllung Butter, Puderzucker, Curaçao, Orangensaft und -schale cremig rühren.
7. Die Crêpes mit der Mischung bestreichen, zweimal zusammenfalten und fächerartig in eine feuerfeste Form legen. Kurz im Ofen aufwärmen.
8. Orange waschen, dünne Streifen oder Spiralen abschälen.
9. Mit Puderzucker bestreuen, mit Orangenstreifen garnieren, evtl. mit Curaçao flambieren.

Tip: Mit Würfelzucker kann Mandarinen- oder Orangenschale fein abgerieben werden. Dabei den Würfelzucker so lange an der Schale reiben, bis er Farbe und Aroma der Mandarine oder Orange angenommen hat.

Crêpes Georgette

(8 Stück)

½ Port. Crêpeteig / süß (S. 6)
1 EL Kirschwasser

FÜR DEN BELAG:

8 Ananasscheiben, 10 g Butter

100 g Aprikosenkonfitüre

1 EL Kirschwasser

1 TL Zitronensaft

kandierte Kirschen

1. Den Teig nach dem Grundrezept zubereiten, mit Kirschwasser verfeinern.
2. Die Butter in einer Pfanne zerlassen, Ananasscheiben darin leicht anbraten.
3. Die Konfitüre etwas erwärmen, mit dem Kirschwasser und dem Zitronensaft verrühren.
4. Die Crêpes in einer kleinen Pfanne auf einer Seite goldgelb backen (Seite 6).
5. Jeweils eine Ananasscheibe darauf legen, mit etwas Teig bedecken, vorsichtig wenden und auf der anderen Seite fertigbacken.

6. Mit der Konfitürenmischung bestreichen und mit kandierten Kirschen garnieren.

Crêpes Melba

(8 Stück)

⅔ Port. Crêpeteig / süß (S. 6)

FÜR DIE FÜLLUNG:

8 Kugeln Nußeis

4 EL Himbeerkonfitüre

4 Mandelmakronen (zerbröselt)

8 Pfirsichhälften (aus der Dose)

125 ml (⅛ l) Schlagsahne

1. Den Teig nach dem Grundrezept zubereiten.
2. Die Crêpes auf beiden Seiten goldgelb backen (Seite 6), zu einer Tüte zusammenrollen, einen hohen Eisbecher damit auskleiden.
3. In die Mitte jeder Crêpe eine Eiskugel setzen, mit Himbeerkonfitüre und zerbröselten Makronen überziehen und mit einem halben Pfirsich bedecken.
4. Die Sahne steif schlagen, die Crêpe Melba damit garnieren.

CRÊPES MIT CREOLISCHER VANILLECREME

(6 Stück)

 Gut vor-zubereiten

½ Port. Crêpeteig / süß (S. 6)

⅓ der Milchmenge (40 ml) durch Schlagsahne ersetzen

FÜR DIE FÜLLUNG:

50 g Rosinen

3 EL weißer Rum

250 ml (¼ l) Milch

3 Eigelb

30 g Speisestärke

etwas Wasser

60 g Zucker

1 Päckchen Vanillin-Zucker

gemahlener Zimt

geriebene Muskatnuß

gemahlene Nelke

abgeriebene Schale von ½ Orange (unbehandelt)

1 EL Butter

Puderzucker

1. Den Teig nach dem Grundrezept zubereiten.

2. Die Rosinen gründlich waschen und in dem erwärmten Rum quellen lassen.

3. Die Milch zum Kochen bringen, von der Platte nehmen und mit dem verquirlten Eigelb kräftig verrühren.

4. Die Speisestärke mit etwas Wasser verrühren, zusammen mit Zucker, Vanillin-Zucker, Zimt, Muskatnuß, Nelke und der Orangenschale unter die Milch rühren.

5. Die Creme bei milder Hitze unter ständigem Rühren andicken lassen. Die Rosinen untermischen, die Creme warmstellen.

6. Die Crêpes auf beiden Seiten goldgelb backen (Seite 6), jeweils dick mit der Creme bestreichen und einmal zusammenfalten.

7. Die Oberseite der Crêpes mit etwas Butter bestreichen. Mit Puderzucker bestreuen und kurz unter den Grill schieben.

Tip: Anstatt mit creolischer Vanillecreme können die Crêpes auch mit Mousse au chocolat gefüllt werden. Dann jedoch nicht unter den Grill schieben.

33

CRÊPEROLLEN MIT GRÜNEM SPARGEL

(4 Stück – für 2 Personen)

½ Port. Crêpeteig (S. 6)

1 EL gehackte Küchenkräuter, z. B. Kerbel, Schnittlauch

FÜR DIE FÜLLUNG:

600 g grüner Spargel

500 ml (½ l) Geflügelbrühe

1 Msp. Zucker

Salz, Pfeffer

FÜR DIE SAUCE:

abgeriebene Schale und Saft von 1 Orange (unbehandelt)

1 EL Butter

2 EL Weizenmehl

4 EL Crème fraîche

1 Eigelb

Salz

frisch gemahlener Pfeffer

30 g Butter für die Form

50 g geriebener Käse

1 EL Schnittlauchröllchen

1. Den Teig nach dem Grundrezept zubereiten, die Kräuter unterrühren und ruhen lassen.
2. Den Spargel von oben nach unten schälen, waschen, in der Geflügelbrühe mit Zucker, Salz und Pfeffer garen. Gut abtropfen lassen und warmstellen.
3. Für die Sauce die Orange gründlich waschen, lange Streifen abschälen. Die Streifen kurz in heißem Wasser blanchieren, in dünne Streifen schneiden. Etwa einen halben Teelöffel für die Sauce zurückbehalten.
4. Butter zerlassen, Mehl unter Rühren so lange darin erhitzen, bis es hellgelb ist, mit etwas Brühe ablöschen und etwa 5 Minuten einkochen lassen. Crème fraîche mit Eigelb, Orangensaft und etwas Orangenschale darunterrühren. Mit Salz und Pfeffer abschmecken.
5. Die Crêpes auf beiden Seiten backen (Seite 6), um die Spargelstangen wickeln und in eine gefettete Gratinform legen.
6. Mit Sauce übergießen, mit Käse bestreuen und im Backofen überbacken

Fortsetzung auf Seite 36

Ober-/Unterhitze: etwa 180 °C
(vorgeheizt)
Heißluft: etwa 150 °C
(nicht vorgeheizt)
Gas: Stufe 3–4 (vorgeheizt)
Backzeit: etwa 15 Minuten.

7. Vor dem Servieren mit Schnittlauch bestreuen. Mit Orangenstreifen verzieren. Die restliche
Sauce getrennt dazu reichen.

ÜBERBACKENE CHICORÉE-CRÊPES
(4 Stück)

⅓ Port. Crêpeteig (S. 6)

FÜR DIE FÜLLUNG:

4 Chicorée

200 ml Gemüsebrühe

120 g geriebener Edamer

50 g Brotbrösel

4 Scheiben Schinken

Butter

1. Den Teig nach dem Grundrezept zubereiten.
2. Chicorée von den welken Blät-
tern befreien, säubern, in der
Gemüsebrühe dünsten.

3. Chicorée abtropfen lassen, die
Blätter voneinander lösen, mit
Küchenkrepp abtrocknen.
4. Die Crêpes auf beiden Seiten
goldgelb backen (Seite 6).
5. Die Hälfte des Käses und der
Brotbrösel vermischen.
6. Jede Crêpe mit einer Scheibe
Schinken belegen, mit der Käsemischung bestreuen (etwas zurückbehalten), Chicoréeblätter
darauf verteilen, reichlich mit Käse
bestreuen.
7. Die Crêpes fest zusammenrollen, in eine gefettete Auflaufform legen, mit der restlichen
Käsemischung bestreuen, mit
Butterflöckchen belegen.
8. Die Form auf dem Rost in den
Backofen schieben
Ober-/Unterhitze: etwa 180 °C
(vorgeheizt)
Heißluft: etwa 150 °C
(nicht vorgeheizt)
Gas: Stufe 3–4 (vorgeheizt)
Backzeit: etwa 30 Minuten.

Tip: Das Gericht als Vorspeise für
4 Personen oder als Hauptspeise
für 2 Personen servieren. Dazu
paßt Béchamelsauce.

CRÊPEROLLEN KÖNIGIN

(8 Stück)

Gut vor-
zubereiten

⅔ Port. Crêpeteig (S. 6)

1 EL gehackte Küchenkräuter,
z. B. Estragon, Petersilie

FÜR DIE FÜLLUNG:

300 g Hähnchenbrustfilet

Salz, Pfeffer

Paprika edelsüß

Currypulver

20 g Butter

100 g frische Champignons

1 EL Weizenmehl

1 Becher (150 g) Crème
fraîche

125 ml (⅛ l) herber Weißwein

2 EL frischer Estragon

Zitronensaft

1. Den Teig nach dem Grundrezept zubereiten, die gehackten
Kräuter daruntermischen und
30 Minuten ruhen lassen.

2. Das Hähnchenbrustfilet unter
fließendem kaltem Wasser abspülen, trockentupfen und in
dünne Streifen schneiden. Mit
Salz, Pfeffer, Paprika und
Currypulver würzen.
3. Die Butter erhitzen, die Fleisch-
streifen unter Wenden 3 Minuten
darin braten.
4. Die Champignons putzen, abreiben, evtl. kleinschneiden und
hinzugeben.
5. Das Mehl darüberstäuben und
verrühren.
6. Crème fraîche und Weißwein
unterrühren, alles durchschmo-
ren lassen, evtl. nochmals abschmecken.
7. Die Crêpes auf beiden Seiten
goldgelb backen (Seite 6).
8. Auf jede Crêpe 1–2 Eßlöffel der
Füllung geben und die Crêpes fest
zusammenrollen.
9. In eine gefettete Form legen
und kurz im Backofen aufwärmen.
Mit Estragon garnieren, mit
Zitronensaft beträufeln.

Tip: So können elegant aus den
verschiedensten Fleischresten
schmackhafte Vorspeisen ge-
zaubert werden.

CRÊPETORTE ROT-WEISS-GRÜN

1 Port. Crêpeteig (S. 6)

FÜR DIE FÜLLUNG:

300 g Möhren

300 g Blumenkohl

125 ml ($\frac{1}{8}$ l) Gemüsebrühe

40 g Butter

Salz

frisch gemahlener Pfeffer

6 EL Wasser

300 g Tiefkühl-Erbsen

3 Eigelb, 3 Eiweiß

2 EL gehackter Kerbel

1. Den Teig nach dem Grundrezept zubereiten.
2. Möhren und Blumenkohl putzen, waschen. Möhren in kleine Würfel, Blumenkohl in Röschen schneiden.
3. Brühe zum Kochen bringen, Blumenkohlröschen darin 10 Minuten kochen, abtropfen lassen.
4. Die Hälfte der Butter zerlassen, Möhrenwürfel darin andünsten, mit Salz und Pfeffer würzen,

3 Eßlöffel Wasser hinzugeben, 10 Minuten garen.
5. Erbsen ebenfalls in Butter andünsten und mit 3 Eßlöffeln Wasser 10 Minuten garen.
6. Erbsen, Möhren und Blumenkohl getrennt pürieren. Mit Salz und Pfeffer abschmecken und jeweils 1 Eigelb unterrühren.
7. In einer großen Pfanne vier Crêpes von beiden Seiten goldgelb backen (Seite 6).
8. Eine Kuchenform (Durchmesser 22 cm) einfetten, mit einer Crêpe auslegen, das Möhrenpüree gleichmäßig darauf streichen.
9. Die zweite Crêpe darauf legen, mit Blumenkohlpüree bestreichen, dann die dritte darauf legen, mit Erbsenpüree bestreichen.
10. Die letzte Crêpe auflegen, leicht zusammenpressen.
11. Das Eiweiß mit etwas Salz zu steifem Schnee schlagen, mit dem Kerbel vermengen, auf der Oberfläche der Crêpes verteilen, auf dem Rost in den Backofen schieben
Ober-/Unterhitze: etwa 170 °C (vorgeheizt)
Heißluft: etwa 140 °C (nicht vorgeheizt)
Gas: etwa Stufe 3 (vorgeheizt)
Backzeit: etwa 15 Minuten.

CRÊPES AMÉRICAINES

(4 Stück)

1/3 Port. Crêpeteig (S. 6)

FÜR DIE FÜLLUNG:

1 großer Apfel

200 g Möhren

250 g Sellerie

2–3 Thymianzweige

3 EL Sojaöl

125 ml (1/8 l) Gemüsebrühe

Salz, frisch gemahlener Pfeffer

1 Becher (150 g) Crème fraîche

75 g geriebener Emmentaler

FÜR DIE VINAIGRETTE:

100 g geräucherter, durchwachsener Speck

1 kleine Stange Porree (Lauch)

2 EL Sojaöl

3 EL Weißweinessig

Salz, frisch gemahlener Pfeffer

Zucker

1. Den Teig nach dem Grundrezept zubereiten.
2. Apfel waschen, entkernen, in kleine Würfel schneiden. Möhren und Sellerie putzen, schälen, waschen, in Würfel schneiden.
3. Thymianzweige abspülen, trockentupfen, die Blättchen von den Stengeln zupfen.
4. 3 Eßlöffel Sojaöl in einem Topf erhitzen, Möhren- und Selleriewürfel darin andünsten, die Gemüsebrühe hinzugießen, zum Kochen bringen, etwa 5 Minuten garen lassen.
5. Mit Salz und Pfeffer würzen. Apfelwürfel, Thymian und Crème fraîche unterheben.
6. Die Crêpes auf beiden Seiten goldgelb backen (Seite 6). Die Füllung auf den Crêpes verteilen, Crêpes aufrollen, ein- bis zweimal durchschneiden, in eine gefettete Auflaufform legen.
7. Die Crêperollen mit Käse bestreuen, in den Backofen schieben
Ober-/Unterhitze: etwa 200 °C (vorgeheizt)
Heißluft: etwa 170 °C (nicht vorgeheizt)
Gas: Stufe 3–4 (vorgeheizt)
Backzeit: etwa 10 Minuten.

Fortsetzung auf Seite 42

8. Für die Vinaigrette den Speck in kleine Würfel schneiden. Porree putzen, waschen, in dünne Ringe schneiden. Speck in einer Pfanne goldbraun braten, Porree im Speckfett andünsten, vom Herd nehmen, Öl und Essig hinzufügen, mit Salz, Pfeffer und Zucker abschmecken.

9. Die überbackenen Crêpes zusammen mit der lauwarmen Vinaigrette servieren.

FLORENTINISCHE CRÊPES

(8 große Crêpes)

1 Port. Crêpeteig (S. 6)

FÜR DIE FÜLLUNG:

500 g Spinat

20 g Butter, 1 Zwiebel

Salz, frisch gemahlener Pfeffer

geriebene Muskatnuß

250 ml (¼ l) Fischsud

300 g Lachsfilet

2 EL Zitronensaft

250 ml (¼ l) Béchamelsauce
  (Fertigprodukt)

80 g Butter für die Pfanne

1. Den Teig nach dem Grundrezept zubereiten.

2. Spinat verlesen, gründlich waschen.

3. Die Butter zerlassen, Zwiebel abziehen, würfeln, in der Butter andünsten, den tropfnassen Spinat hinzufügen und bei geschlossenem Deckel 5–7 Minuten garen. Mit Salz, Pfeffer und Muskatnuß würzen.

4. Fischsud zum Kochen bringen, Lachsfilet unter fließendem kaltem Wasser abspülen, trockentupfen, in Würfel schneiden, mit Salz und Pfeffer würzen, mit Zitronensaft beträufeln, in dem Fischsud etwa 3 Minuten ziehen lassen.

5. Die Crêpes von beiden Seiten goldgelb backen (Seite 6), warmstellen.

6. Die Béchamelsauce erwärmen, die Crêpes damit bestreichen, mit Spinat und Lachs belegen, zusammenfalten, servieren.

Tip: Anstatt Lachsfilet kann anderes Fischfilet verwendet werden, z. B. Scholle, Seezunge, Heilbutt oder Seeteufel. Auch Meeresfrüchte wie Krabben oder Tintenfische passen gut.

CRÊPEKUCHEN MIT KRESSE

 Einfach

1 Port. Crêpeteig (S. 6)

FÜR DIE FÜLLUNG:

75 g Gartenkresse
 (2 Kästchen)

1 säuerlicher Apfel

1 EL Zitronensaft

150 g Surimi

150 g saure Sahne

3 EL Mayonnaise

50 g Krabben-Creme
 aus der Tube

Paprika edelsüß

Cayennepeffer

Salz

frisch gemahlener Pfeffer

1. Den Teig nach dem Grundrezept zubereiten.
2. Die Kresse waschen und kleinschneiden.
3. Den Apfel schälen, vierteln, entkernen und feinreiben.

4. Mit Zitronensaft beträufeln und mit der Kresse (etwas zurückbehalten) verrühren.
5. Das Surimi abtropfen lassen. In einer Schüssel mit der sauren Sahne, Mayonnaise und Krabben-Creme vermengen. Mit Paprika, Cayennepeffer, Salz und Pfeffer abschmecken.
6. Acht Crêpes jeweils auf beiden Seiten goldgelb backen (Seite 6), warmstellen.
7. Die erste Crêpe auf eine Kuchenplatte oder einen großen Teller legen, mit etwas Surimi-Masse bestreichen und mit Kresse- und Apfelmischung belegen.
8. Die nächste Crêpe darauf legen, wieder mit Surimi, Kresse- und Apfelmischung belegen und bis zur letzten Crêpe so fortfahren.
9. Die letzte Crêpe darauf legen und den Kuchen etwas zusammenpressen, mit der zurückbehaltenen Kresse bestreuen.

Tip: Bei Surimi handelt es sich um Krebsfleischersatz. Wer es etwas edler mag, nimmt anstatt Surimi Crabmeat.
Der Crêpekuchen kann lauwarm oder kalt serviert werden.

43

WÜRZIG-GEFÜLLTER CRÊPETURM

 **Schnell**

1 Port. Crêpeteig (S. 6)

FÜR DIE FÜLLUNG:

4 Gewürzgurken (etwa 200 g)

400 g kleine Tomaten

175 g gekochter Schinken
(in Scheiben)

125 g mittelalter Holland-
Gouda

Salz

frisch gemahlener Pfeffer

1. Nach dem Grundrezept (Seite 6) etwa sechs dickere Crêpes backen.
2. Gewürzgurken abtropfen lassen, die Gewürzgurken in Scheiben schneiden.
3. Die Tomaten waschen, die Stengelansätze herausschneiden, die Tomaten in Scheiben schneiden, evtl. halbieren.
4. Den Schinken kleinschneiden.
5. Den Gouda grob reiben.

6. Eine Crêpe auf einen großen, hitzebeständigen Teller geben, mit einem Teil Gurken, Tomaten, Schinken und Käse belegen.
7. Mit Salz und Pfeffer bestreuen und auf dem Rost in den Backofen schieben. Jeweils die nächste Crêpe darauf legen, mit Füllung belegen, mit Salz und Pfeffer würzen und wieder in den Backofen schieben.
8. Die letzte Crêpe nach Belieben mit den übrigen Zutaten belegen, nochmals 6 Minuten backen
Ober-/Unterhitze: etwa 150 °C (vorgeheizt)
Heißluft: etwa 120 °C (nicht vorgeheizt)
Gas: Stufe 2 (vorgeheizt)
Backzeit pro Crêpeschicht: etwa 2 Minuten.

Tip: Die Füllung mit Kapern, Sardellenfilets und Petersilie verfeinern.

NORMANNISCHE CRÊPES

(4 Stück)

½ Port. Crêpeteig (S. 6)

FÜR DIE FÜLLUNG:

25 g Butter

1 EL Krebs- oder Hummerbutter

1 EL Weizenmehl

125 ml (⅛ l) trockener
  Weißwein

125 ml (⅛ l) Schlagsahne

Salz

frisch gemahlener weißer
  Pfeffer

1 Eigelb

2 EL Schlagsahne

300 g Krabben, gekocht und
  geschält

1 EL Zitronensaft

Zucker

2 EL feingeschnittene
  Dillspitzen

3 EL Calvados

1. Die Crêpes nach dem Grundrezept (Seite 6) backen, warmstellen.

2. Butter, Krebs- oder Hummerbutter bei schwacher Hitze zerlassen.

3. Mehl hinzufügen und gut verrühren.

4. Weißwein und Sahne nach und nach dazugeben, die Sauce 5 Minuten kochen lassen.

5. Die Sauce mit Salz und Pfeffer abschmecken.

6. Das Eigelb mit der Sahne verrühren, die Sauce damit legieren.

7. Die Krabben dazugeben und erhitzen (nicht kochen lassen).

8. Die Sauce mit Zitronensaft, etwas Zucker abschmecken. Den Dill unterrühren.

9. Die Crêpes mit der Füllung bestreichen, aufrollen und in eine gebutterte Flambierpfanne setzen.

10. Den Calvados leicht erwärmen, über die Crêpes träufeln, anzünden. Die Crêpes mit Dill bestreut servieren.

Tip: Nach Belieben Champignons oder Miesmuscheln unter die Füllung mischen.

DOPPELCRÊPES MIT EIERFÜLLUNG
(Für 2 Personen)

Schnell

1/3 Port. Crêpeteig (S. 6)

PRO DOPPELCRÊPE:

15 g Butter

1 großes Ei

Salz

frisch gemahlener Pfeffer

1. Den Teig nach dem Grundrezept zubereiten.
2. Das Ei mit Salz und Pfeffer verquirlen, in einer Pfanne anbraten, beiseite stellen.
3. Die erste Crepe auf einer Seite backen und beiseite stellen.
4. Die zweite Crêpe auf einer Seite backen, wenden und in der Pfanne mit Butter bestreichen. Das Ei darauf verteilen.
5. Die erste Crêpe mit der gebackenen Seite nach unten darauf legen, wenden und die Doppelcrêpe fertig backen.
6. Mit der restlichen Butter bestreichen und sofort servieren.

CRÊPETASCHEN MIT KÄSECREME
(8 Stück)

2/3 Port. Crêpeteig (S. 6)

47

FÜR DIE FÜLLUNG:

150 g Roquefort

250 ml (1/4 l) Béchamelsauce

1 Msp. Paprika edelsüß

30 g Butter

50 g geriebener Käse

1. Die Crêpes nach dem Grundrezept (Seite 6) goldgelb backen.
2. Roquefort zerdrücken, mit der erwärmten Béchamelsauce verrühren. Mit Paprika abschmecken.
3. Die Crêpes mit der Käsecreme bestreichen, zusammenfalten und in eine runde, gefettete Form geben. Mit Butterflöckchen belegen, mit geriebenem Käse bestreuen, im Backofen gratinieren lassen
Ober-/Unterhitze: etwa 180 °C (vorgeheizt)
Heißluft: etwa 150 °C (nicht vorgeheizt)
Gas: Stufe 3–4 (vorgeheizt)
Backzeit: etwa 5 Minuten.

BUCHWEIZEN-CRÊPES (GALETTES)

(Grundrezept)

FÜR 10–12 CRÊPES:

100 g Buchweizenmehl
2 Eier
125 ml (⅛ l) Milch
125 ml (⅛ l) Wasser
1 gestrichener TL Salz
8 EL Speiseöl

1. Das Mehl in eine Schüssel geben, in die Mitte eine Vertiefung eindrücken.
2. Eier, Milch, Wasser und Salz verschlagen, in die Vertiefung geben und von der Mitte aus mit einem Schneebesen unter kräftigem Schlagen verrühren. Darauf achten, daß sich keine Klümpchen bilden.
3. 2 Eßlöffel des Speiseöls unterrühren, den Teig zugedeckt etwa 30 Minuten kühlstellen.
4. Den Teig vor dem Backen gut verrühren, evtl. noch mit Wasser auf die richtige Konsistenz verdünnen.

5. Das restliche Öl portionsweise in einer kleinen Pfanne erhitzen. Mit einem Schöpflöffel etwas Teig hineingießen und mit einer drehenden Bewegung gleichmäßig auf dem Boden der Pfanne verteilen.
6. Sobald die Ränder goldgelb sind, die Buchweizencrêpe mit einem Pfannenwender oder einem Holzspatel lösen, wenden und auf der anderen Seite fertigbacken.
7. Die restlichen Crêpes auf dieselbe Weise backen. Den Teig dabei vor jedem Backen umrühren.

Tips: Diese bretonische Spezialität unterscheidet sich von Weizenmehlcrêpes durch ihre Dicke. Die benötigte Wassermenge kann nicht genau angegeben werden. Sie hängt davon ab, ob man die Crêpes etwas dicker oder dünner backen will oder kann. Buchweizencrêpes verlangen etwas mehr Übung als Pfannkuchen, aber die Mühe lohnt sich.

BUCHWEIZEN-CRÊPES MIT BRATWURST
(10–12 Stück)

1 Port. Crêpeteig (S. 48)

PRO CRÊPE:

Speiseöl für die Pfanne

1 Bratwurst

1. Etwas Öl in einer Pfanne erhitzen. Die Wurst darin von beiden Seiten braten.
2. Die Crêpes nach dem Grundrezept (Seite 48) auf beiden Seiten goldgelb backen. Die Bratwurst darin einwickeln und sofort servieren.

Tip: Diese Crêpe aß man früher auf den Jahrmärkten der Nordbretagne, wo man sie „Ropiquette" nannte.
Zur Abwechslung können auch andere Wurstsorten, z. B. Blutwurst, Salami usw., verwendet werden.

BUCHWEIZEN-CRÊPES MIT KÄSE
(10–12 Stück)

Preiswert

1 Port. Crêpeteig (S. 48)

PRO CRÊPE:

1 TL Butter

1–2 EL geriebener Emmentaler

1. Die Crêpes nach dem Grundrezept (Seite 48) auf einer Seite goldgelb backen, wenden, mit Butter bestreichen und mit Käse bestreuen.
2. Sobald der Käse leicht geschmolzen ist, die Crêpe viermal zusammenfalten und mit einem Stück Butter belegt servieren.

Tip: Einen Teil des Emmentalers durch zerbröckelten Ziegenfrischkäse, Parmesan oder Roquefort ersetzen und die Crêpes 2–3 Minuten in den Backofen schieben.

BUCHWEIZEN-CRÊPES KOMPLETT

(8 Stück – Foto)

1 Port. Crêpeteig (S. 48)

PRO CRÊPE:

1 TL Butter, 1 Ei

2 EL geriebener Emmentaler

1 Scheibe kleingeschnittener,
   roher Schinken

1. Die Crêpes in einer großen Pfanne nach dem Grundrezept (Seite 48) auf beiden Seiten bakken, dünn mit Butter bestreichen.
2. In einer Pfanne acht Spiegeleier zubereiten, jeweils auf eine Crêpe legen.
3. Den Käse darüber verteilen und sobald er leicht geschmolzen ist, den Schinken darauf geben.
4. Die Crêpes zu einem Viereck zusammenklappen.

Tip: Ein schnelles Gericht für warme Sommertage. Zu frischem Salat oder gedünstetem Gemüse servieren.

BUCHWEIZEN-CRÊPES MIT SCHINKEN

(10–12 Stück)

1 Port. Crêpeteig (S. 48)

PRO CRÊPE:

Butter

1–2 dünne Scheiben roher
   Schinken

1. Die Crêpes nach dem Grundrezept (Seite 48) jeweils auf einer Seite backen, wenden, dünn mit Butter bestreichen.
2. Den Schinken in die Mitte legen, die Ränder der Crêpe zur Mitte hin falten und die Crêpe fertigbacken.
3. Auf einen Teller gleiten lassen und sofort servieren.

Tip: Für einen kleinen Imbiß gedünstetes Gemüse (Broccoli, Blumenkohl, Erbsen, Bohnen oder Maronen) dazu reichen. Die Crêpe kann anstatt mit rohem mit gekochtem Schinken, Salami oder Fleischkäse belegt werden.

BUCHWEIZEN-CRÊPES MIT RÄUCHERFORELLE

(8 Stück – Foto)

52

1 Port. Crêpeteig (S. 48)

FÜR DIE FÜLLUNG:

2 EL Butter

8 geräucherte Forellenfilets

4 EL Crème fraîche

½ Bund Küchenkräuter
  (Kerbel, Estragon, Petersilie)

Salz, frisch gemahlener Pfeffer

1. Die Crêpes nach dem Grundrezept (Seite 48) backen, dünn mit Butter bestreichen, jeweils mit einem Forellenfilet belegen und zusammenfalten.
2. Auf eine vorgewärmte Platte legen und kurz im Backofen aufwärmen.
3. Crème fraîche mit Kräutern, Salz und Pfeffer verrühren.
4. Die Crêpes mit der Sauce bestreichen und servieren.

BUCHWEIZEN-CRÊPES MIT SARDINEN

(4 Stück)

½ Port. Crêpeteig (S. 48)

FÜR DIE FÜLLUNG:

8 Ölsardinen

1 EL Butter

½ Bund Küchenkräuter
  (Petersilie, Kerbel, Estragon)

1. Die Sardinen entgräten und mit der weichen Butter und den Kräutern im Mixer pürieren.
2. Nach dem Grundrezept (Seite 48) vier große Crêpes jeweils auf einer Seite backen, wenden, mit der Sardinenmasse bestreichen und fertigbacken. Die Crêpes zweimal zusammenfalten und sofort servieren.

Tip: Genauso lassen sich Crêpes mit Thunfisch und Kapern zubereiten.
Im Sommer frisch gegrillte Fische verwenden.

BUCHWEIZEN-RÖLLCHEN

(4 Stück – Foto)

1/3 Port. Crêpeteig (S. 48)

FÜR DIE FÜLLUNG:

2 EL Butter

4 EL geriebener Käse

150 g gewürfelter, roher
   Schinken

250 g Kräuterfrischkäse

1. Nach dem Grundrezept
(Seite 48) vier Crêpes backen,
erkalten lassen.
2. Butter, Käse, Schinken und
Frischkäse gut vermengen.
3. Die Crêpes mit der Masse bestreichen, fest zusammenrollen.
4. Eine gute Stunde ins Gefrier-
fach des Kühlschrankes stellen.
Anschließend die Crêperollen quer
in kleine Röllchen schneiden. Mit
Zahnstochern zusammenhalten
und zum Aperitif servieren.

Tip: Kirschtomaten und Oliven
mitaufspießen.

BUCHWEIZEN-CRÊPES MIT KRÄUTERBUTTER

(Etwa 10 Stück)

1 Port. Crêpeteig (S. 48)

FÜR DIE FÜLLUNG:

100 g weiche Butter
   (gesalzen)

75 g Crème fraîche

3 EL Küchenkräuter (Estragon,
   Kerbel, Thymian, Schnittlauch,
   Petersilie)

Salz

frisch gemahlener Pfeffer

1. Butter und Crème fraîche verrühren, die kleingehackten
Kräuter unterrühren, evtl. noch
mit Salz und Pfeffer abschmecken.
2. Die Crêpes von beiden Seiten
knusprig backen, reichlich mit der
Kräuterbutter bestreichen, zweimal zusammenfalten.

Tip: Als Vorspeise oder als Beilage
zum Braten servieren.

56

BUCHWEIZEN-CRÊPES MIT TOMATENSAUCE

(4 Stück)

 **Einfach**

⅓ Port. Crêpeteig (S. 48)

FÜR DIE FÜLLUNG:

2 Schalotten

1 EL Speiseöl

600 g enthäutete Tomaten

1 abgezogene, durchgedrückte Knoblauchzehe

gerebelter Thymian

Salz

frisch gemahlener Pfeffer

1. Schalotten abziehen, würfeln, in dem Öl andünsten.
2. Die Tomaten würfeln. Knoblauch und Thymian dazugeben.
3. Mit Salz und Pfeffer abschmecken und bei mäßiger Hitze ohne Deckel garen lassen.
4. Die Crêpes auf beiden Seiten backen (Seite 48), mit Tomatensauce übergießen.

BUCHWEIZEN-CRÊPES MIT EI

(4 Stück)

½ Port. Crêpeteig (S. 48)

FÜR DIE FÜLLUNG:

Butter

4 Eier

Salz, frisch gemahlener Pfeffer

2 Tomaten

gehackte Petersilie

1. Die Buchweizencrêpes in einer großen Pfanne backen (Seite 48), mit Butter bestreichen, warmstellen.
2. In einer Pfanne vier Spiegeleier zubereiten, je ein Spiegelei in die Mitte einer Crêpe geben, mit Salz und Pfeffer bestreuen. Die Seiten der Crêpe zur Mitte hin schlagen, so daß das Eigelb noch sichtbar ist.
3. Die Tomaten waschen, achteln, auf die eingeklappten Seiten legen, mit gehackter Petersilie bestreuen.

Tip: Dazu eine Schüssel frischen Salat servieren.

BUCHWEIZEN-CRÊPES MIT ZWIEBELGEMÜSE
(4 Stück)

Preiswert

¹/₃ Port. Crêpeteig (S. 48)

FÜR DIE FÜLLUNG:

1 EL durchwachsener Speck
(gewürfelt)

1 EL Butter

4 Zwiebeln

2 EL trockener Weißwein

1 kleine, feingehackte
Knoblauchzehe

gerebelter Thymian

1 TL gehackte Petersilie

geriebene Muskatnuß

1 EL Crème fraîche

Salz

frisch gemahlener Pfeffer

1. Den Speck mit etwas Butter in einer Pfanne anbraten.

2. Die Zwiebeln abziehen, in dünne Streifen schneiden, dazugeben, gut verrühren.
3. Sobald die Zwiebeln Farbe genommen haben, mit Weißwein übergießen. Knoblauch, Thymian, Petersilie und Muskatnuß dazugeben und das Gemüse bei mäßiger Hitze im offenen Topf garen.
4. Crème fraîche unterrühren und mit Salz und Pfeffer abschmecken.
5. Die Crêpes nach dem Grundrezept (Seite 48) auf beiden Seiten knusprig backen, mit Zwiebelgemüse belegen. Die Seiten zur Mitte hin zu einem Viereck so zusammenklappen, daß die Füllung sichtbar bleibt und evtl. kurz unter den Grill schieben.

Tip: Anstatt Zwiebeln können zur Abwechslung auch Weißkohl, Porree oder Chicorée genommen werden.
Übriggebliebene Buchweizencrêpes sind kein Problem. Zusammengerollt und in Streifen geschnitten sind sie eine pfiffige Suppeneinlage (z.B. Flädlesuppe, Seite 104). Buchweizencrêpes lassen sich gut einfrieren.

PFANNKUCHEN
(Grundrezept)

FÜR ETWA 8 GROSSE PFANN-
KUCHEN:

250 g Weizenmehl

4 Eier

375 ml (³⁄₈ l) Milch

125 ml (¹⁄₈ l) Mineralwasser

1 Prise Salz

Butter, Speiseöl oder Schmalz
für die Pfanne

1. Das Mehl in eine Schüssel sieben, in die Mitte eine Vertiefung eindrücken.
2. Die Eier mit etwas Milch, Salz, (gegebenenfalls 1 Eßlöffel Zucker und Würzzutaten) verrühren und in die Vertiefung geben.
3. Von der Mitte aus mit dem Mehl verrühren. Die restliche Milch und das Mineralwasser unter Rühren langsam hinzugeben, bis ein dickflüssiger, glatter Teig entsteht, 15–30 Minuten stehenlassen.
4. Das Fett in einer Pfanne erhitzen und eine dünne Teiglage mit einer drehenden Bewegung auf dem Boden der Pfanne gleichmäßig verteilen.
5. Sobald die Ränder goldgelb sind, den Pfannkuchen wenden und auf der anderen Seite fertig backen.
6. Die restlichen Pfannkuchen auf dieselbe Weise backen. Den Teig vor jedem Backen umrühren.

APFEL-PFANNKUCHEN
(8 Stück – Foto)

1 Port. Pfannkuchenteig (S. 58)

1 EL brauner Rum

1 Päckchen Vanillin-Zucker

1 kg mürbe Äpfel

6 EL Speiseöl für die Pfanne

Zucker

1. Den Pfannkuchenteig nach dem Grundrezept zubereiten, mit Rum und Vanillin-Zucker verfeinern.
2. Äpfel schälen, vierteln, entkernen, in dünne Scheiben schneiden.

Fortsetzung auf Seite 60

3. Das Öl in einer Pfanne erhitzen, etwas Teig hineingießen. **4.** Einen Teil der Äpfel darauf legen. Sobald die Ränder des Pfannkuchens goldgelb sind, wenden, auf der anderen Seite fertigbacken. **5.** Die fertigen Pfannkuchen mit Zucker bestreuen.

HOLUNDER-BLÜTEN-PFANN-KUCHEN

(8 Stück – Foto)

Schnell

200 g Weizenmehl	
100 g Haferflocken (Instant)	
4 Eier	
½ TL Salz	
500 ml (½ l) Milch	
8 Holunderdolden	
Butter für die Pfanne	
Zucker	

1. Das Mehl in eine Schüssel geben, die Haferflocken dazugeben, beides vermengen, in die Mitte eine Vertiefung eindrücken.

2. Die Eier mit Salz in die Vertiefung hineinschlagen, von der Mitte aus mit dem Mehl zu einem festen Kloß verrühren. Unter Rühren langsam die Milch hinzugießen. Dabei darauf achten, daß keine Klümpchen entstehen, etwa 15 Minuten stehenlassen. **3.** Die Holunderdolden waschen, trockentupfen, die Stengel dicht an der Blüte abschneiden. **4.** Die Butter in einer Pfanne erhitzen. Mit einem Schöpflöffel etwas Teig hineingießen und mit einer drehenden Bewegung auf dem Boden der Pfanne verteilen, die Blüten einer Holunderdolde darüber streuen, etwas eindrücken. Sobald die Ränder goldgelb sind, den Pfannkuchen mit einem Pfannenwender oder Holzspatel lösen, wenden und auf der anderen Seite fertigbacken. Die restlichen Pfannkuchen auf dieselbe Weise backen. **5.** Die Pfannkuchen mit Zucker bestreut servieren.

Tip: Oft werden die Holunderdolden in den Teig getunkt, anschließend fritiert, dann von den Stielen befreit, mit Zucker bestreut und warm serviert (Hollerküchle).

HEIDELBEER-PFANNKUCHEN

(8 Stück)

1 Port. Pfannkuchenteig (S. 58)

FÜR DEN BELAG:

800 g Heidelbeeren

Butter für die Pfanne

Puderzucker

1. Den Teig nach dem Grundrezept zubereiten.
2. Die Heidelbeeren verlesen,
waschen und gut abtropfen lassen.
3. Die Butter in der Pfanne bei
mäßiger Hitze zerlassen. Eine
dünne Teiglage hineingeben.
4. Mit einem Teil der Früchte
belegen.
5. Sobald der Pfannkuchen auf
der Unterseite goldbraun ist,
vorsichtig mit Hilfe eines Tellers
wenden, die Pfanne erneut einfetten und den Pfannkuchen auf
der anderen Seite fertigbacken.
6. Die restlichen Pfannkuchen auf
dieselbe Weise backen.

7. Die fertigen Pfannkuchen mit
Puderzucker bestreuen, sofort
servieren.

Tip: Auf dieselbe Weise lassen
sich Kirsch- oder Beerenpfann-
kuchen zubereiten. Dazu Schlagsahne reichen.

BUTTERMILCH-PFANNKUCHEN

Preiswert

250 g Weizenmehl

5 Eier

1 TL Zucker, Salz

abgeriebene Schale von
 1 Zitrone (unbehandelt)

500 ml (½ l) Buttermilch

125 ml (⅛ l) Wasser

50 g Butter

1. Das Mehl in eine Schüssel geben, in die Mitte eine Vertiefung
eindrücken.
2. Die Eier mit Zucker, Salz,
Zitronenschale, Buttermilch und
etwas von dem Wasser verschlagen,

in die Vertiefung geben, von der Mitte aus Eierflüssigkeit und Mehl verrühren, nach und nach das übrige Wasser hinzugießen, darauf achten, daß keine Klümpchen entstehen.

3. Etwas Butter in einer Pfanne erhitzen, eine dünne Teiglage hineingeben, den Pfannkuchen von beiden Seiten goldbraun backen. Bevor der Pfannkuchen gewendet wird, etwas Butter in die Pfanne geben. Die restlichen Pfannkuchen auf dieselbe Weise zubereiten.

Tip: Dazu paßt Kompott mit Zucker und Zimt.

SCHLESISCHE HEFEPLINSEN MIT RUMROSINEN

20 g Hefe
75 g Zucker
300 ml lauwarme Milch
200 g Weizenmehl
100 g Buchweizenmehl
1 Prise Salz, 4 Eier
50 g zerlassene Butter
100 g Rosinen
4 EL Rum
abgeriebene Schale von
½ Zitrone (unbehandelt)
8 EL Speiseöl für die Pfanne

63

1. Die Hefe in einer Schüssel zerbröckeln, mit etwas Zucker vermischen, mit etwas lauwarmer Milch verrühren und 10 Minuten an einem warmen Ort gehen lassen.

2. Weizenmehl, Buchweizenmehl, Salz und restlichen Zucker vermischen, die Eier, die gegangene Hefe, die restliche Milch und die Butter dazugeben, alles zu einem Teig verrühren. An einem warmen Ort so lange gehen lassen, bis sich der Teig sichtbar vergrößert hat.

3. In der Zwischenzeit die Rosinen waschen, in Rum einlegen, anschließend zusammen mit der Zitronenschale unter den Teig heben.

4. Das Öl in einer Pfanne erhitzen, etwas Teig hineingießen, kleine Pfannkuchen backen.

Tip: Dazu paßt Apfel- oder Birnenkompott.

AMERIKANISCHE PANCAKES MIT AHORNSIRUP

(12 Stück)

 **Schnell**

250 g Weizenmehl

2 TL Backpulver

125 g Butter

2 Eier

375 ml (3/8 l) Buttermilch

Salz

25 g Zucker

150 g Butterschmalz für die Pfanne

4 EL Ahornsirup

Zitronenmelisse

1. Mehl und Backpulver in eine Schüssel geben, in die Mitte eine Vertiefung eindrücken.
2. 50 g der Butter zerlassen, mit Eiern, Buttermilch, Salz und Zucker in die Vertiefung hineingeben, von der Mitte aus mit dem Mehl verrühren.

3. Butterschmalz in einer kleinen Pfanne erhitzen, zwölf kleine Pfannkuchen auf beiden Seiten goldgelb backen, warmstellen.
4. Aus der restlichen Butter vier kleine Kugeln formen, je drei Pfannkuchen mit einer Butterkugel auf Tellern anrichten.
5. Ahornsirup darüber geben, mit etwas Zitronenmelisse garnieren.

Tip: Zur Abwechslung können Heidelbeeren, Preiselbeeren, Rosinen, gehackte Walnußkerne oder andere Nußkerne unter den Teig gerührt werden.
Die Pancakes werden in den USA häufig schon zum Frühstück gegessen. Ideal sind sie für Brunchbuffets.
Ahornsirup kann durch Birnensirup, Honig oder Apfelkraut ersetzt werden.

JÄGER-PFANNKUCHEN

(8 Stück – Foto)

1 Port. Pfannkuchenteig (S. 58)

80 g durchwachsener Speck

600 g gemischte Waldpilze

100 g alter Holland-Gouda

1 Bund Petersilie

1 Schalotte, 20 g Butter

Salz, frisch gemahlener Pfeffer

1 geriebene Kartoffel

1 Zweig Rosmarin

1–2 Wacholderbeeren

1. Den Pfannkuchenteig nach dem Grundrezept zubereiten.
2. Speck in kleine Würfel schneiden, Pilze putzen, blättrig schneiden. Gouda reiben. Petersilie abspülen, feinhacken. Schalotte abziehen, würfeln.
3. Butter erhitzen, Schalotte darin anbraten, Pilze und Kartoffel dazugeben, mit Petersilie, Rosmarin und zerdrückten Wacholderbeeren etwa 10 Minuten dünsten lassen. Salzen und pfeffern.

4. Die Pfannkuchen von beiden Seiten backen (Seite 58), warmstellen.
5. Die Füllung auf die Pfannkuchen verteilen, Pfannkuchen zusammenklappen, servieren.

SPECK-PFANNKUCHEN

(8 Stück)

 Einfach

1 Port. Pfannkuchenteig (S. 58)

Kümmel

FÜR DEN BELAG:

150 g durchwachsener Speck

Schmalz für die Pfanne

1. Den Teig nach dem Grundrezept zubereiten, mit Kümmel verfeinern und ruhen lassen.
2. Den Speck würfeln, in dem Schmalz anbraten, eine dünne Teiglage darauf geben, von beiden Seiten goldgelb backen.

KÄSE-PFANN-KUCHEN MIT SPECK UND SIRUP

(4 Stück)

 **Einfach**

FÜR DEN TEIG:

200 g Weizenmehl
3 Eier
250 ml (¹/₄ l) Milch
250 ml (¹/₄ l) Mineralwasser
Salz
16 Scheiben Frühstücksspeck (etwa 70 g)
60 g Butter
200 g mittelalter Holland-Gouda in Scheiben
70 g heller Sirup

1. Mehl in eine Schüssel geben, in die Mitte eine Vertiefung eindrücken.

2. Eier trennen. Das Eigelb mit etwas Milch und Salz in die Vertiefung geben.

3. Von der Mitte aus mit dem Mehl zu einem festen Kloß verrühren, die restliche Milch und das Wasser unter Rühren langsam hinzugießen. Darauf achten, daß sich keine Klümpchen bilden.

4. Das Eiweiß steif schlagen, vorsichtig unterrühren.

5. Je vier Speckscheiben in einer großen beschichteten Pfanne anbraten, ein Viertel der Butter zugeben, ein Viertel des Teiges darübergießen, wenden, mit je vier Käsescheiben belegen.

6. Den Käse schmelzen lassen oder kurz unter dem Grill des Backofens gratinieren lassen, die restlichen Pfannkuchen auf dieselbe Weise zubereiten.

7. Die Pfannkuchen mit kühlem, hellem Sirup servieren.

Tip: Dieses typisch holländische Rezept kann auch mit gerösteten Zwiebeln zubereitet werden.
Wenn Teig übrigbleibt, können die Pfannkuchen gebacken werden und am darauffolgenden Tag in Streifen geschnitten wie Nudeln zubereitet werden.
Man serviert sie pikant oder nach ungarischer Art süß mit Quark oder Obstkompott.

HAFERFLOCKEN-PFANNKUCHEN

(4 Stück)

FÜR DIE PFANNKUCHEN:

75 g Haferkleie-Flocken

50 g Haferflocken

100 g Weizenvollkornmehl

3 Eier

Salz

geriebene Muskatnuß

3 EL geriebener Käse

500 ml (½ l) Milch

FÜR DIE HACKSAUCE:

1 EL Speiseöl

375 g Gehacktes (halb Rind-, halb Schweinefleisch)

1 Zwiebel

1–2 Knoblauchzehen

Salz, frisch gemahlener Pfeffer

Paprika edelsüß

gerebelter Thymian

gerebelter Oregano

etwa 70 g Tomatenmark

125 ml (⅛ l) Rotwein

3 EL Butter

1. Die Haferkleie-Flocken mit Haferflocken und Mehl in einer Schüssel vermischen.

2. Eier, Salz, Muskatnuß, Käse und Milch verschlagen, in die Schüssel geben, mit dem Knethaken des Handrührgerätes zu einem Teig verrühren, dabei darauf achten, daß sich keine Klümpchen bilden.

3. Für die Hacksauce das Öl erhitzen, das Gehackte darin anbraten, dabei die Fleischklümpchen mit einer Gabel zerdrücken.

4. Zwiebel und Knoblauchzehen abziehen, in kleine Würfel schneiden, dazugeben, dünsten, mit Salz, Pfeffer, Paprika und Kräutern würzen. Tomatenmark und Rotwein unterrühren, zum Kochen bringen, 10–15 Minuten köcheln lassen, eventuell nochmals mit den Gewürzen abschmecken, warmstellen.

5. Die Butter in einer Pfanne erhitzen, aus dem Haferflockenteig vier Pfannkuchen backen.

6. Die Pfannkuchen mit der Hacksauce bestreichen und zusammenklappen.

HOLLÄNDISCHE PFANNKUCHEN-BEUTEL
(12 Stück)

 Gut vor-zubereiten

1 Port. Pfannkuchenteig (S. 58)

FÜR DIE FÜLLUNG:

150 g Kümmel-Gouda

3 Scheiben (150 g) gekochter Schinken

1 kleine, rote Paprikaschote

1 kleine, grüne Paprikaschote

1 dünne Stange Porree (Lauch)

125 ml (⅛ l) Salzwasser

1. Nach dem Grundrezept (Seite 58) 12 dünne Pfannkuchen backen.
2. Käse und Schinken in kleine Würfel schneiden.
3. Paprika halbieren, entstielen, entkernen, die weißen Scheidewände entfernen, die Schoten waschen, in Würfel schneiden.
4. Porreestange putzen, waschen, sechs Blätter ablösen.

5. Salzwasser zum Kochen bringen. Zuerst die Paprikawürfel etwa 5 Minuten darin blanchieren, herausnehmen. Anschließend die Porreeblätter 2–3 Minuten darin blanchieren, herausnehmen, kalt abschrecken und in lange, etwa 1,5 cm breite Streifen schneiden.
6. Schinken, Käse und Paprikawürfel vermischen. Auf die Mitte jedes Pfannkuchens etwa 2 Eßlöffel der Mischung geben, die Pfannkuchen mit den Porreestreifen zu Beuteln zusammenbinden, in eine gefettete Auflaufform oder Fettfangschale setzen, in den Backofen schieben und erhitzen
Ober-/Unterhitze: etwa 180 °C (vorgeheizt)
Heißluft: etwa 150 °C (nicht vorgeheizt)
Gas: Stufe 3 (vorgeheizt)
Backzeit: etwa 15 Minuten.
7. Die Pfannkuchenbeutel herausnehmen, sofort servieren.

Tip: Dazu schmeckt ein frischer Blattsalat.
Die Pfannkuchenbeutel lassen sich durch verschiedene Füllungen gut variieren:
Gut schmecken sie mit Spinat, Pilzen, Erbsen oder Bohnen.

KNACKIGER SALAT-PFANNKUCHEN

(4 große Pfannkuchen)

1 Port. Pfannkuchenteig (S. 58)

FÜR DIE FÜLLUNG:

100 g Mandelstifte

8 große Blattsalatblätter, z. B.
 Lollo Rosso oder Friséesalat

½ Salatgurke

1 Bund Radieschen

1 rote Zwiebel

200 g Maasdamer

1 kleine Dose (225 g) Ananasringe

FÜR DIE SAUCE:

1 Becher (150 g) Crème fraîche

2 EL Ananassaft

2 EL Milch oder Schlagsahne

Salz

frisch gemahlener weißer
 Pfeffer

Cayennepfeffer, etwas Zucker

Paprika edelsüß

1. Die Pfannkuchen nach dem Grundrezept (Seite 58) auf beiden Seiten backen, warmstellen.

2. Die Mandelstifte in einer Pfanne ohne Fett goldbraun rösten.

3. Die Salatblätter waschen, gut abtropfen lassen.

4. Salatgurke und Radieschen gründlich waschen, in Scheiben schneiden.

5. Zwiebel abziehen, in Scheiben schneiden, in Ringe teilen.

6. Maasdamer in Streifen schneiden, Ananasringe in Stücke schneiden.

7. Für die Salatsauce Crème fraîche, Ananassaft, Milch oder Schlagsahne, Salz, Pfeffer, Cayennepfeffer und Zucker verrühren.

8. Die Salatblätter auf den Pfannkuchen verteilen, die restlichen Salatzutaten auf die Salatblätter geben, mit etwas Paprika bestreuen.

9. Pfannkuchen zu Tüten zusammenfalten, mit Mandelstiften bestreut servieren. Die Sauce dazu reichen.

Tip: Der Pfannkuchen schmeckt besonders gut, wenn er noch leicht warm ist.

PALATSCHINKEN
(Grundrezept)

FÜR 8 MITTLERE PALATSCHINKEN:

250 g Weizenmehl

4 Eier

1 Msp. Salz

1 EL Zucker

500 ml (½ l) Milch

50 g zerlassene Butter

100 g Butter für die Pfanne

1. Das Mehl in eine Schüssel sieben, in die Mitte eine Vertiefung eindrücken.

2. Eier trennen. Das Eigelb in die Vertiefung hineinschlagen, Salz und Zucker hinzufügen und mit etwas Milch von der Mitte aus verrühren.

3. Mit der restlichen Milch langsam zu einem festen Brei rühren. Dabei darauf achten, daß sich keine Klümpchen bilden, 15 Minuten ruhen lassen.

4. Das Eiweiß steif schlagen, zusammen mit der zerlassenen Butter vorsichtig unter den Teig rühren, den Teig etwa 30 Minuten ruhen lassen.

5. Die Butter in einer Pfanne erhitzen. Mit einem Schöpflöffel etwas Teig hineingeben und mit einer drehenden Bewegung gleichmäßig auf dem Boden der Pfanne verteilen.

6. Sobald die Ränder goldgelb sind, den Palatschinken mit einem Pfannenwender oder Holzspatel lösen, wenden und auf der anderen Seite fertigbacken.

7. Die restlichen Palatschinken auf dieselbe Weise backen und warmstellen. Den Teig dabei vor jedem Backen immer wieder umrühren.

Tip: Diese ungarisch-östereichische Form des Pfannkuchens wird traditionell süß und zusammengerollt angerichtet. Wie bei allen Pfannkuchensorten hängt die Zahl der gebackenen Palatschinken von der Teigkonsistenz, der Pfanne und der Schnelligkeit des Eingießens ab. Eine genaue Zahl anzugeben, ist schwierig. Palatschinken dürfen nicht zu dunkel gebacken werden. Sie sollen geschmeidig bleiben.

POWIDL-PALATSCHINKEN
(8 Stück)

1 Port. Palatschinkenteig (S. 74)

FÜR DIE FÜLLUNG:

250 g Pflaumenmus

2 EL Zwetschenwasser

1 Msp. gemahlener Zimt

Puderzucker

1. Die Palatschinken nach dem Grundrezept (Seite 74) backen, warmstellen.
2. Pflaumenmus, Zwetschenwasser und Zimt verrühren.
3. Die Palatschinken damit bestreichen und zusammenrollen.
4. Mit Puderzucker bestreuen.

Tip: Für diese mit Konfitüre gefüllten Palatschinken gibt es unzählige Variationen. Probieren Sie einmal Himbeerkonfitüre mit Himbeergeist oder Orangenmarmelade mit Orangenlikör.

QUARK-PALATSCHINKEN
(8 Stück)

 Preiswert

1 Port. Palatschinkenteig (S. 74)

FÜR DIE FÜLLUNG:

250 g Sahnequark

3 EL Zucker

1 EL Rum

2–3 Tropfen Backöl Zitrone

Puderzucker

1. Die Palatschinken nach dem Grundrezept (Seite 74) backen, warmstellen.
2. Sahnequark mit Zucker, Rum und Zitronenaroma verrühren.
3. Die Palatschinken damit bestreichen und zusammenrollen.
4. Mit Puderzucker bestreuen.

WIENER PALATSCHINKEN

(6–8 Stück)

Gut vor-
zubereiten

1 Port. Palatschinkenteig (S. 74)

FÜR DIE FÜLLUNG:

100 g Marzipan-Rohmasse

2 EL Rum

2–3 EL Zitronensaft

200 g Aprikosenkonfitüre

250 ml (¹/₄ l) Schlagsahne

1 EL Zucker

3 EL Mandelblättchen

1 EL Zucker

¹/₂ TL Butter

1. Die Palatschinken nach dem Grundrezept (Seite 74) backen, warmstellen.

2. Für die Füllung die zimmerwarme Marzipan-Rohmasse mit Rum und Zitronensaft glattrühren. Aprikosenkonfitüre unterrühren.

3. Die Füllung dünn auf die Eierkuchen streichen und zusammenrollen.

4. Die Sahne steif schlagen, mit Zucker abschmecken.

5. Mandelblättchen, Zucker und Butter in eine Pfanne geben, unter ständigem Wenden goldgelb rösten.

6. Kurz vor dem Servieren die Sahne auf die warmen Palatschinken verteilen, die lauwarmen Mandelblättchen darüber streuen.

Tip: Als Abwandlung die Wiener Palatschinken überbacken. Dafür 200 g Schmand mit 5 Eßlöffeln Schlagsahne verrühren, auf die Palatschinken streichen, Mandelblättchen und Zucker darüberstreuen, etwa 15 Minuten bei mittlerer Hitze im Backofen überbacken (Ober-/Unterhitze etwa 180 °C; Heißluft etwa 150 °C; Gas Stufe 3–4).

PALATSCHINKEN MIT MAKRONEN- FÜLLUNG

(8 Stück)

 Preiswert

1 Port. Palatschinkenteig (S. 74)

FÜR DIE FÜLLUNG:

100 g Rosinen

2–3 EL Rum

1 Dose (425 ml) Aprikosen

2 EL Zitronensaft

2 Eiweiß

75 g Puderzucker

160 g gemahlene Haselnuß-
kerne

20 g zerlassene Butter

Zitronenmelisseblättchen

1. Die Palatschinken nach dem Grundrezept (Seite 74) auf beiden Seiten goldgelb backen, warmstellen.

2. Die Rosinen waschen, in Rum einlegen und durchziehen lassen.

3. Die Aprikosen zum Abtropfen auf ein Sieb geben, den Saft dabei auffangen. Die Hälfte der Aprikosen halbieren und in Fächer schneiden. Für die Sauce die restlichen Aprikosen zusammen mit 4 Eßlöffeln Aprikosensaft und dem Zitronensaft pürieren.

4. Das Eiweiß steif schlagen, Puderzucker und Haselnußkerne unterrühren, auf die Palatschinken streichen, die Rum-Rosinen darüber streuen, aufrollen.

5. Die Palatschinken in eine gefettete, feuerfeste Form legen, mit der Butter bestreichen.

6. Die Form auf dem Rost in den Backofen schieben
Ober-/Unterhitze: etwa 200 °C (vorgeheizt)
Heißluft: etwa 170 °C
(nicht vorgeheizt)
Gas: Stufe 3–4 (vorgeheizt)
Backzeit: etwa 15 Minuten.

7. Die gebackenen Palatschinken aus der Form heben, schräg in 3–4 cm lange Stücke schneiden.

8. Die Aprikosensauce erwärmen, mit den Palatschinken anrichten.

9. Mit den Aprikosenfächern und der Zitronenmelisse garnieren.

KAISERSCHMARREN MIT KOMPOTT

FÜR DAS KOMPOTT:

5 Orangen

50 ml Weißwein

25 g Zucker

1 TL Speisestärke

2 Bananen

FÜR DEN KAISERSCHMARREN:

50 g Rosinen

8 Eier, 50 g Zucker

250 ml (¼ l) Milch

Salz

200 g Weizenmehl

4 EL Butter

50 g geröstete Haferflocken

50 g geröstete Haselnußkerne

Puderzucker

1. Für das Kompott zwei Orangen schälen, von der weißen Haut entfernen, filieren.
2. Die restlichen Orangen auspressen, den Saft mit Weißwein und Zucker aufkochen.
3. Die Speisestärke mit wenig Wasser glattrühren, in den Saft rühren, nochmals aufkochen lassen.
4. Bananen schälen und in Scheiben schneiden, mit den Orangenfilets unter das Kompott heben, abkühlen lassen.
5. Für den Kaiserschmarren die Rosinen waschen, abtropfen lassen.
6. Eier trennen. Das Eigelb mit dem Zucker, Milch und Salz cremig schlagen, das Mehl nach und nach unterrühren.
7. Das Eiweiß zu steifem Schnee schlagen, mit den Rosinen unter die Eigelbcreme heben.
8. 1 Eßlöffel Butter in einer großen Pfanne erhitzen, ein Viertel des Teiges hineingeben, bei mittlerer Hitze von beiden Seiten goldbraun braten. Anschließend mit Hilfe von zwei Gabeln in große Stücke zerreißen und warmstellen. Den restlichen Teig auf dieselbe Weise verarbeiten.
9. Den Kaiserschmarren mit gerösteten Haferflocken und Haselnußkernen bestreuen, mit Puderzucker bestäuben und mit dem Kompott servieren.

BLINIS
(Grundrezept)

FÜR 12–16 BLINIS:

150 g Buchweizenmehl

150 g Weizenmehl

3 Eier

1 EL Zucker

1 Päckchen Trocken-Backhefe

250 ml ($\frac{1}{4}$ l) lauwarmes
 Wasser

50 g Butter

$\frac{1}{2}$ TL Salz

8 EL Speiseöl für die Pfanne

1. Buchweizenmehl, Weizenmehl, Eier, Zucker und Hefe mischen.
2. Wasser erwärmen und langsam von der Mitte aus unterrühren, etwa 30 Minuten an einem warmen Ort gehen lassen.
3. Butter zerlassen und unterrühren, Salz hinzufügen.
4. Öl in einer Pfanne erhitzen, mit einem Eßlöffel etwas Teig hineingeben, dabei etwas flachdrücken, auf beiden Seiten backen, warmstellen.

Tips: Die russischen Blinis werden üblicherweise mit saurer Sahne angerichtet. Sie eignen sich als Vorspeise, aber auch als Beilage zu Fleisch, Geflügel und Wild. Kleine Blinis können wie Canapés serviert werden. Wenn man keine Blinipfanne hat, kann man drei Blinis (bei einem Durchmesser von etwa 10 cm) in einer großen Pfanne backen.

Besonders locker werden die Blinis, wenn man Eiweiß und Eigelb trennt und kurz vor dem Backen das steifgeschlagene Eiweiß unter den Teig hebt. Blinis kann man auf Vorrat backen und tiefgekühlt 3 Monate aufbewahren.

GRATINIERTE BLINIS MIT PORREE

(12 Stück)

Einfach

1 Port. Bliniteig (S. 82)

FÜR DEN BELAG:

600 g Porree (Lauch)

20 g Butter

gerebelter Thymian

1 Becher (150 g) Crème
  fraîche

½ TL milder Senf

Zitronensaft

Salz

frisch gemahlener Pfeffer

50 g geriebener Käse

1. Den Porree putzen, die Stangen
halbieren, sorgfältig waschen und
kleinschneiden.
2. Die Butter in einem offenen
Topf erhitzen, den Porree darin
anbraten, den Thymian hinzugeben und das Gemüse bei mäßiger Hitze etwa 15 Minuten
dünsten lassen.

3. Mit Crème fraîche, Senf,
Zitronensaft, Salz und Pfeffer
abschmecken.
4. Die Blinis nach dem Grundrezept (Seite 82) backen.
5. Mit 1–2 Eßlöffeln Gemüse
bedecken, mit Käse bestreuen und
kurz im Backofen gratinieren
Ober-/Unterhitze: etwa 200 °C
(vorgeheizt)
Heißluft: etwa 170 °C
(nicht vorgeheizt)
Gas: etwa Stufe 4 (vorgeheizt)
Backzeit: etwa 10 Minuten.

Tip: Diese Blinis eignen sich gut
als kleiner Imbiß zwischendurch
oder als Mittagessen.
Zur Abwechslung können sie mit
anderem gedünstetem Gemüse,
z. B. Zucchini, Erbsen, Broccoli
oder Blumenkohl zubereitet
werden.

KARTOFFELBLINIS MIT LACHS

FÜR DEN TEIG:

20 g frische Hefe

1 TL Zucker

125 ml (1/8 l) lauwarme Milch

200 g Kartoffeln

250 g Weizenmehl

50 g Butter

Salz, 1 Ei

75 ml Speiseöl

FÜR DIE SAUCE:

1 Becher (150 g) Crème
  fraîche

1 Becher (150 g) saure Sahne

Salz, frisch gemahlener Pfeffer

Zitronensaft

150 g Lachsscheiben

1. Die Hefe zerbröckeln, mit dem Zucker und 5 Eßlöffeln von der Milch anrühren.
2. Die Kartoffeln schälen, waschen, feinreiben.
3. Das Mehl in eine Schüssel sieben, in die Mitte eine Vertiefung eindrücken, die aufgelöste Hefe hineingeben, die Hefe etwa 1/2 cm dick mit Mehl bestreuen.
4. Die Butter zerlassen, etwas abkühlen lassen, lauwarm an den Rand des Mehls geben. Sobald das auf die Hefe gestreute Mehl rissig wird, von der Mitte aus alle Zutaten mit dem Handrührgerät mit Rührbcsen gut verrühren, mit Salz abschmecken.
5. Die restliche Milch mit dem Ei verschlagen, mit den geriebenen Kartoffeln zu dem Hefeteig geben, so lange weiterrühren, bis der Teig Blasen wirft. Den Teig zugedeckt an einem warmen Ort so lange gehen lassen, bis er sich sichtbar vergrößert hat (etwa 20 Minuten). Anschließend nochmals auf der höchsten Stufe gut durchkneten.
6. Das Speiseöl in einer Pfanne erhitzen, den Teig eßlöffelweise hineingeben, flachdrücken, von beiden Seiten goldbraun backen. Die Blinis auf einer vorgewärmten Platte warmstellen.
7. Crème fraîche mit saurer Sahne glattrühren.
8. Mit Salz, Pfeffer und Zitronensaft abschmecken, mit den Lachsscheiben zu den Kartoffelblinis reichen.

BLINIS MIT KAVIAR UND WACHTELEIERN

(12–16 Stück)

Gut vor-
zubereiten

1 Port. Bliniteig (S. 82)

1 Becher (150 g) Crème
    fraîche
1 Becher (150 g) saure Sahne
Salz
frisch gemahlener Pfeffer
2 TL Zitronensaft
1 Dose Kaviar (etwa 100 g)
12 Wachteleier
1 Bund Kerbel

1. Die Blinis nach dem Grundrezept (Seite 82) backen, warmstellen.
2. Die Crème fraîche mit der
sauren Sahne glattrühren.
3. Mit Salz, Pfeffer und Zitronensaft abschmecken.

4. Die Blinis mit Kaviar belegen.
Die Wachteleier in Scheiben
schneiden (oder halbieren) und
darauf setzen.
5. Den Kerbel abspülen, die Blättchen von den Stengeln zupfen, die
Blinis damit garnieren.
6. Die Sauce getrennt zu den
Blinis reichen.

Tip: Auch preisgünstigere Fisch-
rogen, gedünsteter Fisch (in Streifen geschnitten oder püriert) wie
Forelle, Sardelle, Makrele und
Krustentiere passen gut dazu.
Anstatt der Wachteleier können
auch sechs Hühnereier verwendet
werden.

Blinis mit Kaviar sind eine ideale,
feine Vorspeise. Zum gemütlichen
Treffen nach Theater- und Kon-
zertbesuchen sind sie ein will-
kommener Snack.

BLINIS MIT MARINIERTEM HERING
(12 Stück)

1 Port. Bliniteig (S. 82)

1 Radicchiosalat

1 Becher (150 g) saure Sahne

1 TL milder Senf

Salz

frisch gemahlener Pfeffer

Zitronensaft

4 marinierte Heringsfilets

1 EL frischer, gehackter Dill

1. Die Blinis nach dem Grundrezept (Seite 82) backen, warmstellen.
2. Die Salatblätter vom Strunk lösen, waschen und abtrocknen.
3. Die Sahne mit dem Senf glattrühren.

4. Mit Salz, Pfeffer und Zitronensaft abschmecken, den gehackten Dill unterrühren, einige Dillspitzen zum Garnieren beiseite legen.
5. Die Heringsfilets in Streifen schneiden.
6. Die Blinis jeweils mit einem Salatblatt bedecken.
7. Mit Sauce überziehen und mit Heringsfiletstreifen belegen, nach Belieben mit Dill garnieren.

Tip: Das Rezept läßt sich vielfach variieren: Zu Radicchio schmecken auch Garnelen oder marinierte Miesmuscheln.
Anstatt der Heringsfilets können auch Anchovisfilets verwendet werden. Probieren Sie einmal geräucherte, in Streifen geschnittene Makrele auf Feldsalat oder Seeaal auf feinem Chicoréesalat.

87

Rösti mit Schinken

(Foto)

750 g Kartoffeln

Salz, frisch gemahlener Pfeffer

6 EL Speiseöl

½ Bund Schnittlauch

1 Topf Basilikum

1 Becher (150 g) Crème
  fraîche

abgeriebene Muskatnuß

100 g geräucherter Schinken

1. Kartoffeln in so viel Wasser zum Kochen bringen, daß sie gerade bedeckt sind, 10 Minuten kochen lassen, abkühlen lassen, grob reiben, mit Salz und Pfeffer würzen.
2. Das Öl in einer Pfanne erhitzen, die Kartoffeln in kleinen Häufchen hineingeben, in 5–8 Minuten auf beiden Seiten goldgelb backen.
3. Schnittlauch und Basilikum abspülen, etwas zum Garnieren beiseite legen, den Rest fein schneiden, mit Crème fraîche, Salz und Muskatnuß verrühren.

4. Rösti mit kleingeschnittenem Schinken und Crème fraîche anrichten.
5. Mit Schnittlauch und Basilikumblättchen garniert servieren.

Schweizer Rösti

1 kg Pellkartoffeln (festkochend)
  vom Vortag

Salz, frisch gemahlener Pfeffer

geriebene Muskatnuß

4 EL Butter oder Margarine

30 g Butter

1. Die Kartoffeln schälen, grob reiben, mit Salz, Pfeffer und Muskatnuß abschmecken.
2. Butter in einer kleinen, gleichmäßig bratenden Pfanne erhitzen.
3. Die Kartoffeln hineingeben und bei milder Hitze goldbraun anbraten. Dabei leicht andrücken.
4. Mit Hilfe eines Tellers wenden und auf der anderen Seite fertigbacken. Dabei immer wieder leicht andrücken.
5. Zum Schluß Butter vom Rand her auf den Boden der Pfanne fließen lassen und die Rösti mit Butterflöckchen belegen.

KARTOFFELPUFFER (REIBERDATSCHI)

(Etwa 20 Stück – Foto)

1 kg Kartoffeln
1 Zwiebel
40 g Weizenmehl
4 Eier
Salz
frisch gemahlener Pfeffer
geriebene Muskatnuß oder Kümmel
125 ml (¹/₈ l) Speisöl für die Pfanne

1. Die Kartoffeln schälen, waschen und feinraffeln, auf einem Sieb gut abtropfen lassen.
2. Die Zwiebel abziehen, in feine Würfel schneiden, zu den Kartoffeln geben.
3. Mehl, Eier, Salz, Pfeffer und Muskatnuß oder Kümmel unterrühren.
4. Das Öl in einer Pfanne erhitzen. Den Teig eßlöffelweise hineingeben, flachdrücken, auf beiden Seiten goldgelb und knusprig backen.

KARTOFFELPUFFER MIT GEMÜSE

 Einfach

700 g Kartoffeln
200 g Möhren
100 g Knollensellerie
1 Zwiebel
60 g Weizenmehl
2 Eier
2 EL gehackte Petersilie
Salz, frisch gemahlener Pfeffer
geriebene Muskatnuß
Speisöl für die Pfanne

1. Kartoffeln, Möhren und Sellerie schälen. Alles waschen und feinreiben.
2. Die Zwiebel abziehen, sehr fein würfeln, zu dem Gemüsebrei geben.
3. Mehl, Eier, Petersilie, Salz, Pfeffer und Muskatnuß unterrühren.
4. Das Öl in einer Pfanne erhitzen. Den Teig eßlöffelweise hineingeben, flachdrücken und die Puffer auf beiden Seiten goldgelb und knusprig backen.

UNGARISCHE KARTOFFELPUFFER

150 g Weizenmehl

500 ml (½ l) Buttermilch

500 g Kartoffeln

Salz

frisch gemahlener Pfeffer

1 EL Sonnenblumenkerne

Schale von ½ Zitrone
   (unbehandelt)

4 EL Butter oder Margarine

20 g Butter zum Servieren

1. Mehl und Buttermilch glatt-rühren.

2. Die Kartoffeln schälen, waschen, auf einer groben Reibe raffeln, auf einem Sieb gut abtropfen lassen, unter die Mehlmasse rühren, mit Salz und Pfeffer abschmecken.

3. Sonnenblumenkerne und Zitronenschale untermengen.

4. Die Butter in einer Pfanne er-hitzen. Den Teig eßlöffelweise hineingeben, und flachdrücken.

5. Die Puffer auf beiden goldgelb und knusprig backen. Mit Butter servieren.

KARTOFFELPUFFER HUSUMER ART

1 kg Kartoffeln

150 g geschälte, gekochte
   Salzkartoffeln

2 Eier

100 g geriebener Emmentaler

100 g gepulte Nordseekrabben

Salz, frisch gemahlener Pfeffer

3 Bund feingehackter Dill

Speiseöl für die Pfanne

100 g Mayonnaise

Kapern, Senf, Currypulver

1. Kartoffeln schälen, waschen und mit den gekochten Kartoffeln fein reiben.

2. Eier, Käse und Krabben mit Salz, Pfeffer und Dill unterrühren.

3. Das Speiseöl in einer Pfanne erhitzen. Den Teig eßlöffelweise hineingeben, flachdrücken und die Puffer auf beiden Seiten goldgelb und knusprig backen.

4. Die Mayonnaise mit Kapern, Senf und Currypulver abschmek-ken und zu den Kartoffelpuffern reichen.

BASKISCHE KARTOFFELPUFFER MIT ENTENBRUST

(12 Stück)

 Einfach

750 g Kartoffeln

Salzwasser

2 Eier

Salz

geriebene Muskatnuß

70 g Butterschmalz

1 kleine, rote Paprikaschote

1 EL Speiseöl

1 Dose (340 g) Mais

1 EL Crème fraîche

frisch gemahlener Pfeffer

1 geräucherte Entenbrust
  (etwa 300 g)

Petersilie

1. Die Kartoffeln schälen, waschen, in Salzwasser zum Kochen bringen, garkochen, abgießen, abdämpfen, sofort durch die Kartoffelpresse geben und etwas abkühlen lassen.

2. Mit den Eiern verrühren, mit Salz und Muskatnuß würzen.

3. Das Butterschmalz in einer Pfanne erhitzen. Aus dem Teig portionsweise etwa 12 Kartoffelplätzchen auf beiden Seiten goldgelb backen, warmstellen.

4. Die Paprikaschote halbieren, entstielen, entkernen, die weißen Scheidewände entfernen, die Schote waschen, in dünne Streifen schneiden.

5. Das Speiseöl zerlassen, die Paprikastreifen darin andünsten.

6. Die Maiskörner mit der Flüssigkeit zu den Paprikastreifen geben, 5 Minuten dünsten lassen.

7. Crème fraîche unterrühren, mit Salz und Pfeffer abschmecken.

8. Die Entenbrust in dünne Streifen schneiden.

9. Die Plätzchen mit Gemüse und den Entenbrustscheiben belegen. Mit Petersilie verzieren.

Tip: Wer wenig Zeit hat, nimmt Kartoffelpüree aus der Packung. Die Kartoffelpuffer mit frischem Salat servieren.

93

KNUSPRIGE PUFFER MIT RATATOUILLE

500 g Kartoffeln

200 g Möhren

4 Eier

Salz, frisch gemahlener Pfeffer

6 EL Speiseöl

FÜR DAS RATATOUILLE:

1 Zwiebel

2 Knoblauchzehen

1 rote Paprikaschote

1 grüne Paprikaschote

1 kleine Aubergine

200 g Zucchini

300 g enthäutete Eiertomaten

4 EL Olivenöl

gerebelter Oregano

Salz

frisch gemahlener Pfeffer

1. Die Kartoffeln waschen, schälen.
2. Die Möhren putzen, schälen, waschen, Kartoffeln und Möhren nicht zu fein reiben.

3. Die Eier unterrühren, mit Salz und Pfeffer würzen.
4. Öl erhitzen, Teighäufchen hineinsetzen, von beiden Seiten knusprig backen.
5. Für das Ratatouille Zwiebeln und Knoblauch abziehen, Zwiebeln halbieren, in Ringe schneiden, Knoblauch feinhacken.
6. Paprikaschoten putzen, waschen und in etwa 1 cm große Würfel schneiden.
7. Aubergine und Zucchini waschen, putzen, längs halbieren, in etwa 1 cm dicke Scheiben schneiden.
8. Tomaten würfeln.
9. Das Öl in einem Bräter erhitzen, Zwiebeln und Knoblauch darin andünsten, Paprikawürfel hinzufügen, ebenfalls andünsten, die Auberginenscheiben hinzufügen, etwa 5 Minuten bei schwacher Hitze garen, mehrmals umrühren.
10. Oregano zugeben, Zucchinischeiben und Tomatenwürfel untermischen, nochmals 10 Minuten garen.
11. Die Puffer mit dem Ratatouille servieren.

CRESPELLE
(Grundrezept)

FÜR 10–12 CRESPELLE:

125 g Weizenmehl

4 kleine Eier

250 ml ($^1/_4$ l) Milch

1 Prise Salz

8 EL Speiseöl für die Pfanne

1. Das Mehl in eine Schüssel sieben, in die Mitte eine Vertiefung eindrücken.
2. Die Eier mit etwas Milch, Salz, verrühren und in die Vertiefung geben.
3. Von der Mitte aus mit dem Mehl verrühren. Die restliche Milch unter Rühren langsam hinzugießen, so daß ein dickflüssiger Teig entsteht. Dabei darauf achten, daß sich keine Klümpchen bilden.
4. Den glattgerührten Teig 15–30 Minuten stehenlassen.
5. Das Öl in einer Pfanne erhitzen und eine dünne Teiglage mit einer drehenden Bewegung gleichmäßig auf dem Boden der Pfanne verteilen.

6. Sobald die Ränder goldgelb sind, die Crespelle vorsichtig mit einem Pfannenwender oder Holzspatel wenden, in die eingefettete Pfanne gleiten lassen und auf der anderen Seite fertigbacken.
7. Die restlichen Crespelle auf dieselbe Weise backen. Den Teig dabei vor jedem Backen umrühren.

CRESPELLE ALLA MOZZARELLA
(8 Stück)

$^2/_3$ Port. Crespelleteig (S. 96)

FÜR DIE FÜLLUNG:

300 g Mozzarella

250 g Salami

Salz, Pfeffer

Kirschtomaten, Basilikumblätter

1. Die Crespelle nach dem Grundrezept (Seite 96) backen, warmstellen.
2. Mozzarella in kleine Würfel, Salami in dünne Streifen schneiden.

3. Käse und Salami vermischen, mit Salz und Pfeffer würzen. Aus der Masse 8 kleine Häufchen abnehmen und auf einem mit Backpapier belegten Backblech verteilen.
4. Das Blech auf der obersten Schiene in den Backofen schieben Ober-/Unterhitze: etwa 180 °C (vorgeheizt), Heißluft: etwa 160 °C (nicht vorgeheizt)
Gas: etwa Stufe 3 (vorgeheizt)
Backzeit: etwa 5 Minuten.
5. Je ein Häufchen auf eine Crespelle legen.
6. Die Crespelle zusammenklappen und mit Kirschtomaten und Basilikumblättern garnieren.

CRESPELLE-GRATIN MIT RICOTTA
(Für 6 Crespelle)

Preiswert

½ Port. Crespelleteig (S. 96)

FÜR DIE FÜLLUNG:

3 Bund Sauerampfer

250 g Ricotta oder Sahnequark

250 g Magerquark

100 g gemahlene Haselnußkerne

frisch gemahlener Pfeffer

2 säuerliche Äpfel

3 EL geriebener Emmentaler

30 g Butter

1. Die Crespelle nach dem Grundrezept (Seite 96) backen.
2. Den Sauerampfer verlesen und waschen.
3. Ricotta, Quark und Haselnüsse verrühren und mit Pfeffer würzen.
4. Äpfel schälen, feinraspeln und unter den Quark ziehen.
5. Die erste Crespelle in eine gefettete Auflaufform legen, mit einem Sechstel der Quarkmasse bestreichen, mit einem Fünftel Sauerampferblätter belegen. So fortfahren, bis die letzte Crespelle mit Quarkcreme bestrichen ist.
6. Den geriebenen Käse darüberstreuen, den Gratin mit Butterflöckchen belegen.
7. Die Form auf dem Rost in den Backofen schieben, Ober-/Unterhitze: etwa 200 °C (vorgeheizt) Heißluft: etwa 170 °C (nicht vorgeheizt)
Gas: etwa Stufe 3 (vorgeheizt)
Backzeit: etwa 40 Minuten.

ÜBERBACKENE CRESPELLE

(Für 4 Crespelle)

½ Port. Crespelleteig (S. 96)

FÜR DIE FÜLLUNG:

2 Zwiebeln

1 Knoblauchzehe

2 EL Speiseöl

375 g Gehacktes (halb Rind-, halb Schweinegehacktes)

20 paprikagefüllte Oliven

150 g Frischkäse mit Kräutern

Salz, frisch gemahlener Pfeffer

Paprika edelsüß

gerebelter Majoran, Rosmarin und Fenchel

4 EL Milch, 2 Eigelb

je 1 Zweig Thymian und Salbei

75 g geriebener mittelalter Holland-Gouda

1. Die Crespelle nach dem Grundrezept (Seite 96) backen.
2. Für die Füllung Zwiebeln und Knoblauch abziehen, feinhacken.
3. Das Öl in einer Pfanne erhitzen, Zwiebeln und Knoblauch darin andünsten.
4. Das Gehackte hinzufügen und goldbraun anbraten.
5. Die Oliven in Spalten schneiden, mit zwei Eßlöffeln Frischkäse zur Hackfleischmasse geben.
6. Mit Salz, Pfeffer und Gewürzen würzig abschmecken.
7. Die Hackmasse auf den Crespelle verteilen, die Crespelle aufrollen und jede Rolle in vier schräge Scheiben schneiden.
8. Den restlichen Frischkäse mit Milch und Eigelb verrühren.
9. Die Kräuter abspülen, trockentupfen, die Blättchen von den Stengeln zupfen, kleinhacken, unterrühren.
10. Die Sauce in eine feuerfeste Form gießen, die Crespelleschnecken in die Form setzen, mit dem Käse bestreuen.
11. Die Form in den Backofen schieben, goldgelb überbacken
Ober-/Unterhitze: etwa 200 °C (vorgeheizt)
Heißluft: etwa 170 °C (nicht vorgeheizt)
Gas: Stufe 3–4 (vorgeheizt)
Backzeit: etwa 15 Minuten.

CRESPELLE PARMA ART
(8 Stück)

2/3 Port. Cresepelleteig (S. 96)

FÜR DIE FÜLLUNG:

2 Schalotten

20 g Butter

250 g Champignons

4 EL Crème fraîche

100 g geriebener Emmentaler

50 g geriebener Parmesan

gerebelter Oregano

gerebelter Salbei

Salz

frisch gemahlener Pfeffer

8 Scheiben Parma-Schinken

Butter für die Form

1. Den Teig nach dem Grundrezept zubereiten.
2. Die Schalotten abziehen, feinhacken.
3. Die Butter in einer Pfanne erhitzen, die Schalotten darin andünsten.
4. Die Champignons putzen, abreiben, in Scheiben schneiden und dazugeben, etwa 5 Minuten dünsten lassen.
5. Die Champignons mit der Crème fraîche, der Hälfte von Emmentaler und Parmesan vermengen.
6. Mit Oregano, Salbei, Salz und Pfeffer abschmecken, warmstellen.
7. Die Crespelle auf beiden Seiten goldgelb backen (Seite 96). Jede Crespelle mit einer Scheibe Schinken und etwas Champignoncreme belegen, fest zusammenrollen.
8. Eine Auflaufform mit Butter einfetten, die Crespellerollen hineinlegen.
9. Mit dem restlichen Käse bestreuen, auf dem Rost in den Backofen schieben
Ober-/Unterhitze: 200–220 °C (vorgeheizt)
Heißluft: 170–190 °C (nicht vorgeheizt)
Gas: etwa Stufe 5 (vorgeheizt)
Backzeit: etwa 15 Minuten.

Tip: Zu frischem Blattsalat servieren.

CRESPELLE MEDICI

(10–12 Stück)

 Gut vor-
zubereiten

1 Port. Crespelleteig (S. 96)

FÜR DIE BASILIKUMCREME:

100 g Basilikum

3 EL Béchamelsauce

1 EL geriebener Parmesan

Salz

FÜR DIE TOMATENSAUCE:

500 g frische Tomaten

10 Basilikumblätter

2 EL Olivenöl

Salz

frisch gemahlener Pfeffer

1. Die Crespelle nach dem Grundrezept (Seite 96) backen. Die gebackenen Crespelle etwa 24 Stunden an einen kühlen Ort stellen.
2. Für die Basilikumcreme die Basilikumblätter in etwas kochendes Salzwasser geben, kurz aufkochen lassen. Anschließend die Blätter im Mixer pürieren.

3. Das Püree mit der dickflüssigen Béchamelsauce und dem Parmesan vermischen, so lange schlagen, bis eine homogene Masse entstanden ist.
4. Die Masse etwas abkühlen lassen, auf die Crespelle streichen. Die Crespelle dreimal zusammenfalten, auf Backpapier legen, in den Backofen schieben
Ober-/Unterhitze: etwa 200 °C (vorgeheizt)
Heißluft: etwa 170 °C (nicht vorgeheizt)
Gas: Stufe 3–4 (vorgeheizt)
Backzeit: 5–6 Minuten.
5. Die Tomaten kurze Zeit in kochendes Wasser legen (nicht kochen lassen), in kaltem Wasser abschrecken, enthäuten, entkernen, die Stengelansätze herausschneiden, die Tomaten in Stücke schneiden.
6. Tomatenstücke mit Basilikumblättern, Olivenöl, Salz und Pfeffer vermengen.
7. Sobald die Crespelle aus dem Ofen kommen mit der Tomatensauce übergießen, sofort servieren.

Tip: Die Tomatensauce mit Knoblauch und roten Zwiebeln abwandeln.

CRESPELLE MIT FRIKASSEE UND TRAUBEN

(8 Stück)

1 Port. Crespelleteig (S. 96)

FÜR DAS FRIKASSEE:

je 200 g blaue und grüne
  Weintrauben

100 g Schalotten

500 g Hähnchenfilet

400 g Champignons

6 EL Speiseöl

Salz

frisch gemahlener Pfeffer

20 g Butter

2 EL Weizenmehl

125 ml (⅛ l) weißer
  Traubensaft

125 ml (⅛ l) Geflügelbrühe

200 ml Schlagsahne

Petersilie

1. Die Crespelle in einer großen Pfanne nach dem Grundrezept (Seite 96) backen, warmstellen.

2. Die Trauben zuerst mit warmem, anschließend mit kaltem Wasser gründlich abspülen, halbieren, entkernen.

3. Schalotten abziehen, in Viertel schneiden.

4. Hähnchenfilet unter fließendem kaltem Wasser abspülen, trockentupfen, in Streifen oder Würfel schneiden.

5. Die Champignons putzen, abreiben, große evtl. halbieren.

6. Die Hälfte des Öls erhitzen, zuerst das Fleisch darin portionsweise anbraten, mit Salz und Pfeffer würzen, herausnehmen.

7. Anschließend das restliche Öl erhitzen, die Champignons darin anbraten, herausnehmen.

8. Die Butter zerlassen, die Schalotten darin andünsten, mit dem Mehl bestäuben, den Traubensaft, die Brühe und die Sahne hinzugießen, etwa 5 Minuten schwach köcheln lassen.

9. Trauben (einige zum Garnieren zurücklassen), Hähnchenbrust und Pilze in die Sauce geben, kurz erhitzen, mit Salz und Pfeffer abschmecken.

10. Die Crespelle mit dem Frikassee füllen, mit Petersilie und den restlichen Trauben garnieren.

BACKPFLAUMEN-PFANNE

(Für 4 Personen)

104

½ Port. Crêpeteig / süß (S. 6)

10 Backpflaumen (entsteint)

25 g Rosinen

3 EL dunkler Rum

Butter für die Form

1. Den Teig nach dem Grundrezept zubereiten.
2. Backpflaumen und Rosinen kurz in heißem Wasser quellen lassen, abtropfen lassen und mit Rum übergießen.
3. Eine flache Auflaufform mit Butter ausfetten, Backpflaumen und Rosinen darauf verteilen.
4. Den Teig darübergeben.
5. Die Form auf dem Rost in den Backofen schieben
Ober-/Unterhitze: etwa 200 °C (vorgeheizt)
Heißluft: etwa 180 °C (nicht vorgeheizt)
Gas: etwa Stufe 5 (vorgeheizt)
Backzeit: 15–20 Minuten
danach den Ofen auf 170 °C
(Heißluft: 140 °C; Gas: Stufe 3)

herunterschalten, noch 10 Minuten weiterbacken, bis die Oberfläche goldbraun ist.
6. Den Auflauf in der Form etwas abkühlen lassen, mit etwas Butter bestreichen, lauwarm servieren.

FLÄDLESUPPE

(Für 4 Personen)

 Schnell

2 mittelgroße Pfannkuchen
  (Seite 54)

oder Buchweizencrêpes
  (Seite 48)

1 l Geflügel- oder Fleischbrühe

1 Bund Schnittlauch

1. Die Pfannkuchen oder die Buchweizencrêpes aufrollen und quer in dünne Streifen (Flädle) schneiden.
2. Die Geflügel- oder Fleischbrühe zum Kochen bringen.
3. Die Streifen in die Suppe geben, 2–3 Minuten miterhitzen.
4. Den Schnittlauch waschen, kleinschneiden, vor dem Servieren über die Suppe streuen.

CRÊPEAUFLAUF MIT SAUERKIRSCHEN

(Für 4 Personen)

50 g Butter

40 g Zucker

4 Eier

125 ml (1/8 l) Milch

125 ml (1/8 l) Schlagsahne

680 g Kirschen (aus dem Glas)

4 Crêpes vom Vortag

Butter für die Form

1 EL Puderzucker

1. Butter mit Zucker in einer Schüssel verrühren, die Eier nach und nach unterrühren.
2. Milch und Sahne unter Rühren zu der Masse geben.
3. Die Kirschen zum Abtropfen auf ein Sieb geben, dazugeben, Saft auffangen.
4. Die Crêpes in Streifen schneiden.

5. Eine Auflaufform mit Butter ausfetten, die Kirschen und die Crêpesstreifen in die Form geben, die Masse darauf verteilen, auf dem Rost in den Backofen schieben
Ober-/Unterhitze: etwa 180 °C (vorgeheizt)
Heißluft: etwa 150 °C (nicht vorgeheizt)
Gas: Stufe 3–4 (vorgeheizt)
Backzeit: etwa 50 Minuten (evtl. die letzten 10 Minuten abdecken).
6. Den Auflauf je nach Geschmack noch warm mit Puderzucker bestreut servieren.

Tip: Den Saft der Sauerkirschen mit 15 g Speisestärke und 20 g Zucker binden und zu dem Auflauf servieren.
Anstatt mit Kirschen kann der Crêpeauflauf je nach Geschmack mit Aprikosen, Pfirsichen, Ananas usw. zubereitet werden.

Ratgeber

Pfannen

Zum Crêpe-, Blini- und Pfann-
kuchen-Backen braucht man keine
zusätzlichen Geräte. Eine gute
Pfanne, mit einem die Wärme
gleichmäßig verteilenden Boden,
genügt. Besonders geeignet sind
schwere, eventuell beschichtete
Pfannen mit niedrigem Rand.

Daneben findet man im Handel
eine kleine, runde, elektrisch oder
mit einer Brennflüssigkeit beheizte
Platte, auf der der Teig mit einem
Holzrakel, von der Mitte zum
Rand hin zügig verteilt wird. Der
Umgang verlangt etwas Übung,
dafür werden die Crêpes besonders
dünn und knusprig.

Blinis werden traditionell in ganz
kleinen Pfannen gebacken. Man
kann aber genauso eine größere
Pfanne benutzen, in der mehrere
Blinis auf einmal gebacken werden
können.

Der Teig

Die Zutaten für den Teig sind bei
allen Pfannkuchen-Arten gleich:
Mehl, Flüssigkeit, Eier. Gewöhn-
lich wird Weizenmehl verwendet,
doch auch Mais-, Reis- oder Buchweizenmehl lassen sich verarbeiten.
Der Teig soll immer leicht fließen.
Wenn er andickt, muß er mit
Milch oder Wasser wieder geschmeidig gemacht werden. Wird
anstelle von Milch Sahne verwendet, werden die Crêpes zarter.
Probieren Sie einmal mit Bier,
Apfelwein oder Mineralwasser
zubereitete Crêpes aus. Sie werden leichter und knuspriger.
Durch etwas zerlassene Butter im
Teig bekommen die Crêpes eine
schöne goldgelbe Farbe.

Die in diesem Buch angegebenen
Flüssigkeitsmengen sind eher als
Richtlinien zu verstehen, denn je
nach Geschmack, gewünschter
Dicke der Crêpes, Beschaffenheit
der Pfanne oder nach Stärke der
Hitze kann unterschiedlich viel
zugegeben werden.

Es empfiehlt sich, zuerst eine kleine Probecrêpe zu backen und den Teig dann gegebenenfalls zu verdünnen. Damit die Crêpes gleichmäßig dünn werden, muß der Teig vor jedem Backen umgerührt werden.

Wer es eilig hat, kann den Teig auch unmittelbar vor dem Backen anrühren. Besser ist es, ihn einige Zeit quellen zu lassen. Speziell Buchweizencrêpes brauchen viel Zeit zum Quellen. Bereits am Vortag zubereiteter Teig ist ideal.

Backen

Crêpepfannen müssen frei von Speiseresten sein und sollten immer gut eingefettet werden. Klebt die Crêpe fest, ist die Pfanne nicht richtig eingefettet oder die Backtemperatur zu niedrig. Weiche Crêpes zum Füllen oder Überbacken werden bei stärkerer Hitze gebacken, zarte, dünne Crêpes dagegen bei schwacher Hitze.

Aufbewahren

Werden viele süße Crêpes hintereinandergebacken und aufeinandergestapelt, streut man auf jede Crêpe etwas Zucker, damit sie nicht aneinanderkleben. Salzige Crêpes kann man mit Butter bestreichen.

Damit sie warm bleiben, stellt man sie zugedeckt in den warmen Ofen oder auf einen Topf mit kochendem Wasser.

Crêpes sind die Rettung für jede Gelegenheit und Tageszeit. Eingepackt im Kühlschrank halten sie sich eine Woche, sie lassen sich aber auch zusammengefaltet, mit oder ohne Füllung etwa 3 Monate im Gefrierschrank aufbewahren.

Wenn einmal Crêpes übrigbleiben, ist das kein Problem. Im Gegenteil: Am nächsten Tag kann man sie als Suppeneinlage, als Pudding, Auflauf oder als Turm weiterverwenden.

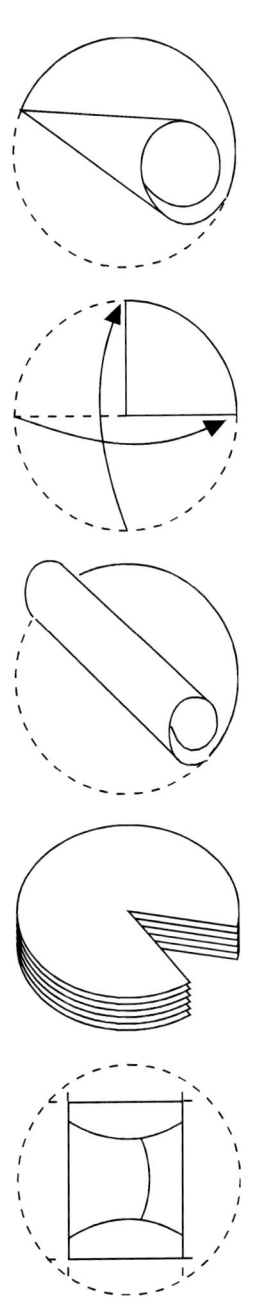

Formen

1) Zur Tüte geformt lassen sich Crêpes dekorativ füllen und servieren.

2) Als Dreieck geformt können Crêpes gut flambiert werden.

3) Gerollte Crêpes lassen sich gut füllen.

4) Ein Crêpeturm aus mehreren Lagen Crêpes und dünner Füllung dazwischen wird wie eine Torte aufgeschnitten.

5) Zu Brieftaschen geformt eignen sie sich für flache Füllungen.

Register

110

111

Umwelthinweis

Dieses Buch und der Schutzumschlag wurden auf chlorfrei gebleichtem Papier gedruckt. Die Einschrumpffolie - zum Schutz vor Verschmutzung - ist aus umweltfreundlicher und recyclingfähiger PE-Folie

Für die freundliche Unterstützung danken wir

Bauer Verlag, Hamburg
Dr. Muth PR, Hamburg
CMA, Bonn
Ketchum Public Relations, München
Kommunikation & Marketing, Volker Stolz GmbH, Bonn
Niederländisches Büro für Milcherzeugnisse, Aachen
Scheurig Keramik, Kleinheubach

Genehmigte Lizenzausgabe, 1997

Copyright

© 1994 by Ceres Verlag
Rudolf August Oetker KG, Bielefeld

Konzeption und Rezepte

Florence Arzel

Redaktion

Eva Müller

Innenfotos

Fotostudio Büttner, Bielefeld
Herbert Maass, Hamburg
Renate Neerix, Schimmack & Partner, Bielefeld
Christiane Pries, Borgholzhausen
Bernd Wohlgemuth, Hamburg

ISBN 3-8122-3731-8